지금 도망쳐도 괜찮아

KB140819

NINGENKANKEINO 9 WARI WA NIGETEII。

by Akira Iguchi

Copyright © Akira Iguchi 2023

All rights reserved.

Original Japanese edition published by Subarusya Corporation, Tokyo

Korean Translation Copyright © 2024 by Yeamoon Archive Co., Ltd

This Korean edition is published by arrangement with Subarusya Corporation, Tokyo in care of Tuttle-Mori Agency, Inc., Tokyo through Duran Kim Agency, Seoul.

오래가는 관계가 좋다는 착각

지금
도망쳐도
괜찮아

이구치 아키라 지음 | 신찬 옮김

갑작스러운 질문이지만 만약 오늘이 인생의 마지막 날이라면 누구와 시간을 보내고 싶은가? 인생의 반려자, 부모와 형제, 학창 시절의 친구, 직장 동료…. 독신이라면 함께 취미를 즐기는 동호회 회원들의 얼굴이 떠오를 수도 있다. 그렇지만 인생의 마지막 순간에 지금껏 알고 지낸 모두와 만나고 싶다는 사람은 그렇게 많지 않을 것이다.

우리는 어릴 때는 물론 성인이 되어서도, 노년에 접어들어서도 다양한 이들과 관계를 맺는다. 사람은 혼자서 살 수 없다. 대부분이 미움받고 싶지 않다는 생각이나 외톨이가 되고 싶지 않다는 생각을 강하게 품고 타인과 부대끼며 살아간다. 학창 시절에는 왕따가 되지 않도록 주변의 시선을 의식하고 사회에 나가서도 같은 굴레에 얽매인다. 다른 사람의 평가를 지나치게 의식한 나머지 인간관계에 스트레스 받는 모습도 정말 흔하게 볼 수 있다.

이제 안심하기 바란다. 관계가 힘들어서 혼자 고민할 정도라면 그런 환경에서 도망치면 된다. 그리고 당신을 순수하게 받아주는 사람에게 더 많은 시간을 할애하면 된다. 인간관계 때문에 전혀 고민할 필요가 없다.

내 인생은 인간관계의 실패와 그로 인한 고난의 반복이었다. 중고등학생 시절에는 같은 반 친구들에게 여러 번 괴롭힘당했다. 한마디로 왕따를 당했다. 그때마다 전학을 거듭해 6년 동안 다섯 번이나 학교를 옮겼다.

대학생 때는 미국으로 유학을 갔는데 다른 문화에 좀처럼 적응하지 못하고 항상 혼자 지냈다. 유학 후 귀국해 사회에 나갔을 때도 좀처럼 가치관이 맞는 동료를 만나지 못해 고독한 시간을 보냈다.

창업 후 회사를 겨우 궤도에 올리고 나서는 비즈니스 파트너에게 횡령당하고 신뢰하던 친구에게 배신당해 투자 사기로 많은 돈을 잃기도 했다.

내 능력은 특별히 뛰어나지 않다. 학력도 그리 대단하지 않다. 유년기도 월급쟁이 아버지와 전업주부 어머니 아래의 극히 평범한 가정에서 보낸 아주 보통의 사람이다. 고난을 마주할 때도 비범한 모습을 보이기보다는 범인처럼 고통스러워했다. '나는 왜 이렇게 인간관계가 잘 풀리지 않지? 사람을 믿었는데 결국 배신만 당했어!' 같은 원망과 회의감 어린 생각을 한두 번 한 것이 아니다.

다만 어느 정도 아픔을 곱씹고 난 후에는 '계속 나와 맞지 않는 인간관계에 연연하느라 괴로워할 바에야 두 눈 딱 감고 자기실현에 도움이 되는 사람, 신뢰할 수 있는 사람과 새롭게 관계를 맺는 것이 좋겠어!' '많이 사귀기보다는 정말 믿을 수 있는 진정한 친구를 사귀겠어!'라며 마음을 다잡고 두 번째 기회를 잡으려고 애썼다.

아무리 배신을 당하고 위기에 빠져도, 아무리 내가 한심스러워도 새로운 관계 맺기를 포기하지 않았다. 그리고 확실히 깨달았다. 인간관계란 몇 번이라도 새로 만들 수 있고, 관계가 틀어져도 시간이 지나면 다시 시작할 수 있다는 것을 말이다.

지금 여러분의 스마트폰에는 수십 명, 수백 명, 어쩌면 수천 명의 연락처가 저장돼 있을지도 모르겠다. 질문을 몇 가지 던지겠다. 그중에서 진심을 담아 이야기 나눌 수 있는 사람은 얼마나 되는가? 함께 있으면 행복하고 나를 긍정적으로 만드는 사람은 얼마나 되는가? 또 존경할 수 있는 사람은 얼마나 되는가?

대부분은 한 자릿수, 많아야 20명 내외로 답한다. 이를 냉정하게 말하면 현재 여러분이 관계 맺고 있는 90퍼센트가 그리 중요한 사람이 아니라는 뜻이다. 그런데 우리는 그런 사람들에게도 소중한 사람을 대하듯 행동하고 마음을 쓴다. 예를 들면 이메일이나 메시지가 오면 곧바로 답장하고 그 사람의 SNS에 새로운 글이 올라오면 바로 좋아요 버튼을 누른다. 그가 만나자고 하면 반드시 시간을 낸다. 상대의 요구나 행동에 즉각적으로 어떤 반응을 보여줘야 한다는 압박을 받기도 한다.

이렇게 사려 깊은 마음 씀씀이를 연락처에 있는 모든 사람에게 똑같이 보여주려 하면 삶이 피곤해질 수밖에 없다.

당신에게 소중하지 않다면 그 사람에게서 도망쳐도 괜찮다. 적당한 거리를 두자. 당신에게 소중한 사람과 그렇지 않은 사람의 경계를 확실히 긋고 소중한 이들에게 시간과 에너지를 집중하자.

초중고 시절에는 대부분 학급이라는, 내 선택으로 합류 여부를 정할 수 없는 집단에 속하게 된다. 물론 가고 싶은 학교에 지망해서 진학하기도 하지만 이때도 반 배정은 내 의지와 무관하게 이뤄진다. 그 결과 우리는 강제로 엮인 인간관계 속에서 남들에게 미움을 받지 않도록 주의하며 학창 시절을 보낸다. 하지만 아직 성인이 되지 못한 학생도 어른인 우리도 인간관계를 스스로 결정할 수 있다. 물론 "직장인이라서 스스로 선택할 수 없어요"라고 말하는 사람들도 있다.

정말 그럴까? 싫다면 그냥 벗어나면 그만이다. 진심으로 학교나 회사 생활이 힘들면 도망쳐도 괜찮다고 생각한다.

다양성이 인정받는 시대다. 나이, 학력 등과 무관하게 실력만 있으면 자유롭게 능력과 꿈을 펼칠 수 있는 사회다. 블라인드 채용을 하는 곳이 늘어나며 왜 여러 번 전학을 다녔는지, 왜 야간 학교를 나왔는지, 왜 이직을 자주 했는지 등의 과거는 묻지 않는다.

만약 과거 학력이나 경력만 중시하는 회사라면 미련 없이 도망쳐도 괜찮다. 프리랜서가 되어도 좋고 취미를 살린 비즈니스나 부업으로 돈을 벌면 그만이다. 오히려 내 기분을 억누르고 참으면서 주위에 맞추려고 하는 모습이 더 문제다. '도망쳤다가 혼자가 되면 어쩌지?' 하고 훗날의 인간관계를 고민하기보다 지금의 나를 최우선으로 소중히 생각하자.

인생의 마지막 날은 우리 모두에게 언젠가 찾아온다. 그 순간을 함께 보내고 싶은 사람과 추억을 만드는 것, 그것이야말로 바로 인생에서 해야 할 가장 중요한 일이 아닐까? 우

리 고민의 대부분을 차지하는 것도 사람이지만 동시에 우리
는 사람에게서 사랑과 기쁨을 얻는다.

　　인간관계만 바꿔도 인생의 90퍼센트가 바뀐다.
　　당신의 인생은 당신이 스스로 결정해도 좋다.

　　　　　　　　　　　　상쾌한 봄의 기운이 충만한

　　　　　　　　　　　　도쿄 미드타운 테라스에서

　　　　　　　　　　　　　　　　이구치 아키라

차례

1장 인간관계의 90퍼센트는 도망쳐도 괜찮다

2장 인간관계를 바꾸면 인생이 바뀌기 시작한다

3장 나를 망치는 불편한 관계에서 제대로 벗어나려면

4장 이런 사람이 주변에 있다면 도망쳐도 좋다

5장 나를 존중하는 소중한 사람과 함께할 때 인생이 잘 풀린다

인간관계의
90퍼센트는
도망쳐도 괜찮다

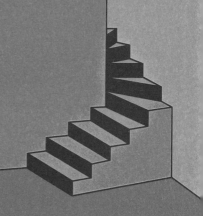

인생의 고통은 대부분
인간관계에서 온다

누구나 한 번쯤 이런 생각을 하거나 다른 사람에게 들어본 적이 있을 것이다.

"내 생각대로 살고 싶어요."

"경제적 자유를 얻고 싶어요."

"자유로운 시간이 더 많이 필요해요."

"새로운 세상을 경험하고 싶어요."

비슷한 생각을 품고 있는 이들에게는 안타까운 일이지만 만족스러운 삶을 사는 사람은 극소수에 불과하다. 특히 대다수가 부모, 가족, 연인, 업무상 선후배와 동료, 친구, 지인, 친척 등 얽히고설킨 인간관계에 발목 잡혀 좀처럼 뜻대로 움직이지 못하고 한 걸음 내딛는 것조차 버거워한다. 지금 우리와 연결된 사람들이 좋은 의미로든 나쁜 의미로든 현재 삶과 미래에 강한 영향력을 행사하기 때문이다. 이는 변화와 성장하고자 할 때 생각과 행동을 망설이는 요인으로 작용한다.

사람 때문에 우울해하는 사회

"나는 나니까 다른 사람이 어떻게 생각하든 상관없어."

이렇게 말하는 사람도 있지만 실상은 어떨까? 한 설문에서 직장인을 대상으로 '나에 대한 주변의 생각이 궁금한가?'라는 질문을 던졌는데, '궁금하다'를 택한 비율이 무려 32퍼센트였고 '다소 궁금하다'가 50퍼센트, '궁금하지 않다'가 18퍼센트였다. 80퍼센트 이상이 남의 눈을 신경 쓴다는 결과가 나온 것이다. 직장을 떠나는 이유를 조사한 또 다른 설문에서는 '직장 내 인간관계'가 1위를 차지하기도 했다.

일상과 사회생활을 영위하는 데 인간관계가 중요하다고 믿는 사람이 많다는 것을 보여주는 예가 아닐까 싶다. 문제는 관계가 나쁜 방향으로 흐르면 동기부여를 저해하고 스트레스의 원인이 된다는 점이다. 결과적으로 신체적·정신적으로 악영향을 초래한다.

최근에는 소셜미디어가 보편화되며 인간관계가 매우 복잡해졌다. SNS상의 잘못된 인간관계에서 비롯한 우울증이 전 세계적 사회문제로 떠오른 지 오래고, 심지어는 목숨을 끊는 이들까지 생겼다. 영국 시사주간지 〈이코노미스트The Economist〉에서도 SNS와 우울증, 자살률의 상승 관계를 조심스럽게 언급했을 정도다.

인간관계 때문에 실력을 제대로 발휘하지 못하는 사람도 많다. 꿈을 실현할 능력이 충분한데도 주변 사람들 때문에 시간을 헛되이 쓰거나 그들과 소원해지기 싫어서 눈치를 보는 등 관계를 고민하느라 역량을 발휘하지 못해 허우적거리는 것이다. 몹시 안타까운 일이 아닐 수 없다.

모두에게 좋은 사람이어야 한다는 환상

지금의 관계를 유지하고 악화시키고 싶지 않다는 생각이 든다면 그것은 지극히 당연한 현상이다. 동료나 친구와의 관계가 깨질까 봐 두려워하는 사람이 많은 것도 자연스러운 일이다. 전혀 걱정할 필요 없고 신경 쓰지 않아도 된다고 감히 말씀드린다. 인간관계가 깨지면 새로운 사람을 찾으면 그만이다. 오히려 지금의 관계가 틀어지면 진정한 나로서 사귈 수 있는 새로운 사람이 자연스럽게 나타난다.

다소 극단적이라고 생각할지 모르겠지만 만나는 모두에게 좋은 사람이 되기란 불가능하며 모두에게 사랑받기를 원한다면 비현실적인 기대를 품는 것이라고 말하고 싶다. 원래 여러모로 두드러지고 뛰어난 사람은 다른 이들과의 관계가 깊지 않아서 누구에게도 신뢰받지 못해 좋은 인간관계를 맺을 수 없다. 그러니 먼저 모두와 좋은 관계를 맺기란 불가능하다는 마음가짐을 가지는 것이 중요하다.

누구에게나 반드시 그 사람을 싫어하는 사람이 있고 어디에서나 반드시 비판적인 사람을 만나기 마련이다. 좀 더 냉정하게 말하자면 우리가 자기실현을 이루면 이룰수록 우리를 탐탁지 않게 생각하는 사람도 늘어난다. 취미와 기호가 다양해졌고 누구에게나 호불호가 있어 모두에게 좋은 사람이 될 필요가 없는 세상이다. 가장 먼저 이 점을 명심해야 할 것이다.

관계에서 제대로 도망치려면?

01 모두에게 좋은 사람이 될 필요가 없다는 사실을 받아들이자.

미움받고 싶지 않다는
마음은 어디에서 올까?

우리는 공교육을 받으며 학교와 학급이라는 특수한 환경 속에서 자랐고 지금의 청소년도 별반 다르지 않은 환경에서 관계를 맺는다. 이런 교육제도의 문제 중 하나는 학창 시절 친구들에게 한번 미운털이 박히면 최소 1년간, 경우에 따라 더 오랜 기간 따돌림을 당하는 일도 생긴다는 것이다.

최근에는 이 주제가 언론 보도와 드라마 등에서 많이 다뤄졌기 때문인지 사회 전반적으로 관심이 높아졌으며 지자체는 물론 국가 차원에서 매년 청소년 집단따돌림, 더 나아가 학교폭력 실태를 조사하고 예방과 대책 마련에 힘쓰고 있다.

선택지를 제한당하는 어린 시절

주목해야 할 부분은 이런 경험을 한 학생이 감당해야 하는 후유증이다. 심리 상담과 가해자 강제 전학 등 적절한 조치를 통해 다시 일상으로 돌아가더라도 또래와의 교류에서 정서 발달을 겪어야 할 아이들에게 트라우마가 남는 경우가 많다. 특히 타인과 관계를 맺을 때 무의식적으로 '따돌림당하면 안 된다'를 인간관계의 기본 전제로 인식하는 경향이 생겨나기 쉽다. 성인이 되어서도 다른 사람에게 미움받지 않는 것을 중요하게 생각하고 이를 위해 원만하게 소통해야 한다고 여기는 것이다.

그렇다면 이제 곰곰이 되짚어 보자. 학교에 가면 우리는 몇 년 동안 선택권도 없이 강제로 같은 사람과 지내야 한다. 즉 변하지 않는 환경의 커뮤니티에서 생활해야 하며 그곳에서 쉽사리 벗어날 수 없다. 그런 상황에서 인간관계를 맺으면서 특수하다거나 어색하다고 느낀 적이 없는가?

말하자면 지극히 부자연스러운 관계라는 의미다. 본래 인간관계란 시간의 흐름에 따라 변하기 마련이며 이것이 마땅한 이치다. 누구를 사귈지 선택할 권리는 개개인에게 있다. 인간관계로 고민이라면 지금의 관계가 전부라고 생각하지 말자.

우리를 속박하는 다양한 환경들

사람들은 어떻게든 현재 자신의 모습을 바꾸고 지금의 상황을 타개하고 싶어 한다. 실제로 이렇게 말하며 컨설팅 상담을 요청하는 고객도 많다.

"지금 이대로는 도저히 안 되겠습니다. 변하고 싶어요!"

인간은 환경에 좌우는 생물이다. 여기서 환경이란 인간관계 그 자체다. 나는 상담하러 오는 분들에게 항상 이렇게 조언한다.

"먼저 인간관계부터 바꿔보죠!"

평소 함께 많은 시간을 보내는 다섯 명을 골라 그들의 평균 연봉을 계산하면 그 금액이 내 연봉이 된다는 말이 있다. 현대상담학의 권위자로 꼽히는 정신의학자 기시미 이치로의 베스트셀러 《미움받을 용기》로 더욱 명성을 얻은 심리학자 알프레드 아들러도 "인간의 고민은 전부 인간관계에서 온다"라고 말한 바 있다.

우리는 가정이나 학교, 직장 등 다양한 환경에서 생활하며 부모와 형제자매, 친척, 친구와 선생님, 직장 동료 등과 함께 살고 있으며 그렇게 살아갈 수밖에 없다. 그런데 아이러니하게도 많은 사람이 "나를 속박하는 인간관계에서 벗어나 가벼워지고 싶어요"라고 호소한다.

누구나 원만한 인간관계를 맺고 싶어 하며 이 관계가 지속되기를 바란다. 인간관계가 잘 풀릴 때 인생이 행복해진다는 것을 알기 때문이다. 가정, 학교, 직장 등 여러 곳에서 발생하는 다양한 인간관계 고민이 해소되면 삶에 큰 만족감을 얻을 수 있다. 그러니 다시 한번 강조하겠다. 우리는 인생

에 불필요한 90퍼센트의 인간관계에서는 도망쳐야 하며, 절

대적으로 중요한 것은 우리를 성장시키는 소중한 10퍼센트

와의 관계다.

관계에서 제대로 도망치려면?

02   불필요한 90퍼센트의 인간관계보다 소중
한 10퍼센트와의 시간을 소중히 여기자.

03

가장 먼저 행복해져야 할
사람은 바로 나

학교나 회사에서 발표를 해본 적이 있는가? 평소 대화할 때는 괜찮다가도 청중 앞에만 서면 지나치게 긴장하는 사람들이 있다. 왜 그런지 이야기를 들어보면 과거 실수한 경험이 있거나 타인에게 좋은 평가를 받아야 한다는 강박감 때문인 경우가 많았다.

앞서 이야기했듯 만족스럽고 행복한 인생을 보내려면 인생에 불필요한 90퍼센트의 인간관계에서 벗어나야 한다. 중요한 것은 우리를 성장시키는 소중한 10퍼센트와의 관계다.

중요하지 않은 90퍼센트에게는 그렇게 잘 보일 필요가 없다는 뜻이다. 불특정 다수의 시선과 평가라면 더더욱 그렇다.

상관없는 관계로 자신감을 잃지 말자

그럼에도 많은 사람이 모두에게 사랑받고 싶다고 생각해 아무래도 상관없는 관계에 휘둘린다. 혹시 지금 이 책을 펼친 여러분도 주변의 여러 관계가 아무래도 상관없는 관계라는 것을 몰라본 채 고민하고 있지 않은가? 내가 부족한 탓이라고 자책하며 스스로의 가능성을 포기하는 삶을 살고 있지 않은가?

만약 그렇다면 정말 아까운 일이 아닐 수 없다. 인간관계가 잘 풀리지 않아서 '난 글러 먹었어'라며 자기 자신을 책망한다면 이는 스스로의 이미지와 자신감을 깎아 먹는 행동일 뿐이다. 그렇게 생각하면 기분이 가라앉고 우울증에 빠지기 쉽다.

무언가 해주고 배려해 줘야 한다는 생각에 스트레스받는

것을 넘어 의욕을 뺏길 정도로 소모적인 관계라면 깔끔히 정리해야 한다. 물론 일부러 미움을 사라는 말은 전혀 아니다. 나를 잃어가면서까지 남들에게 잘 보일 필요는 없다는 뜻이다.

방해꾼에게 휘둘리는 피해자가 되지 말자

의식적으로든 무의식적으로든 우리의 발목을 잡고 공격하는 사람, 두려움을 유발해 상대를 지배하려는 사람과 함께한다면 이는 시간을 낭비하는 셈이다. 그들은 희생양을 찾고 있을 뿐이니 처음부터 연을 맺지 말아야 한다. 여러분이 피해자가 돼서는 안 된다. 만약 그런 사람이 우리를 탐탁지 않게 생각한다 해도 애초에 그와 깊은 관계가 아니라면 거리가 멀어 타깃으로 삼을 수도 없다. 지금 당신 주변에 그런 사람이 있다면 한시라도 빨리 거리를 둬야 한다.

단적으로 말해 함께 성장할 수 없는 사람이나 발목을 잡는 사람과는 사귀지 않아도 된다는 뜻이다. 여기서 성장이란 비단 커리어 전문성이나 금전적인 이득만을 의미하지 않는다. 내 행복과 성장을 방해하는 이와는 굳이 사귀지 않아도 된다.

간혹 같은 직장과 학교에 다니고 있으니, 같은 인간이니 함께해야 한다고 믿는 사람들을 만난다. 하지만 인간관계는 서로에게 도움이 되지 않는다면 건전하다고 할 수 없다. 상호작용이 이뤄지지 않아 성장할 수 없는 관계는 질투나 비판 등 부정적인 사고를 초래하고 이는 원만한 소통을 방해하는 장애물이 된다. 행복과 성장으로 이어지지 않는 관계를 개선하려 애쓰는 것은 하루하루를 행복하게 보내기 위한 에너지와 시간을 낭비하는 꼴일 뿐이라는 것을 명심하자.

관계에서 제대로 도망치려면?

03 아무래도 상관없는 인간관계에 휘둘리지 말자.

04

나를 망치는
위험한 관계들

흔히들 인간관계가 우연히 주어진다고 믿는데 이는 어릴 때부터 각인된 기억 때문이다. 이를테면 흔히들 옆집에 살던 또래와 어울리거나 동급생과 친해지는 경험을 겪기 때문이다. 하지만 그때의 어린아이는 성장해 어른이 됐다. 어른이라면 내가 중심이 되어 스스로 인간관계를 선택할 수 있어야 한다.

누구와 가까워지고 멀어질지 스스로 취사선택하면 주체적인 삶을 살 수 있다. 여러분도 이미 이 사실을 충분히 알고 있을 것이다. 상담을 요청하는 분들도 머리로는 분명히 인지하고 있어도 현실에서 직접 실행하는 것이 어렵다고 토로하는 경우가 많다. 이 책을 펼친 여러분도 같은 상황인가? 그렇다면 지금의 환경에서 인간관계, 즉 사귀는 사람을 선택하는 것부터 시작해 보자.

내 인간관계는 어떤 상태일까?

우선 지금 사귀고 있는 사람 중에서 여러분에게 그다지 좋은 영향을 주지 않는 사람, 껄끄러운 사람과의 관계부터 서서히 정리해야 한다. 한편으로는 소중한 사람, 좋아하는 사람, 함께 있으면 건강해질 수 있는 사람 등 우리에게 중요한 존재가 될 사람을 찾아 유대를 강화하자.

탐색 기준은 조금이라도 존경할 수 있는지, 배울 점이 있는지, 나를 성장시켜 주는지 등이다. 이런 마음을 품게 하는 사람과 사귀도록 유의하자. 당신을 성장시키는 사람은 당신의 좋은 점을 봐주는 사람, 결점에 주목하지 않으며 애정을 가지고 당신을 인정해 주는 인물이다. 당신을 부정하더라도 공정한 사람, 당신의 장단점을 포함해서 받아주는 사람이 있다면 정말로 좋은 관계를 유지해야 할 인물이다.

인간관계에 지치고 마음이 약해졌다면 시야가 좁아져서 '그런 사람은 이 세상에 존재하지 않아!'라고 생각할 수도 있지만 아니다. 그런 사람은 반드시 존재한다. 우리에게 중요한 존재가 될 사람을 찾는 작업은 어둠 속에서 등대를 찾는 일과 비슷하다. 힘들어도 포기하지 말자. 고되겠지만 등대를 발견하면 새로운 항로를 개척할 수 있다.

이제는 다른 사람을 만나야 할 때

이렇게 해도 여전히 인간관계가 불안하고 잘 풀리지 않는다면 직장과 학교, 가정과 지역 외의 새로운 커뮤니티에 관심을 두는 것도 방법이다. 인터넷이나 SNS로도 인간관계를 구축할 수 있다. 취미나 기호가 맞는 이와 어렵지 않게 만날 수 있고 그런 관계는 쉽게 끈끈해진다. 공부, 마라톤, 아이돌, 좋아하는 음식 등 취미나 기호가 맞으면 어떤 연결고리든 힘들이지 않고 만들 수 있다.

취미나 기호를 공유할 수 있는 상대와 교류하면 가치관이 비슷해서 유대감도 강해진다. 마음이 맞는 동료들과 시간을 보내면 기분이 편안해지고 고독감도 줄어든다. 오늘날 인간관계의 선택지는 점점 늘고 있다. 마음 가는 대로 스스로 인간관계를 선택할 수 있으니 참 편리한 시대다.

관계에서 제대로 도망치려면?

04 현재 속한 커뮤니티 바깥의 사람과도 교류해 보자.

거리를 둬야
성장할 틈이 생긴다

스스로 연을 끊거나 상대에게 끊김을 당하면서 큰 아픔을 겪는 사례도 적지 않다. 이때 '과연 이렇게 끊어도 될까?' '이게 맞는 걸까?'라는 고민은 접어두기 바란다. 이런 생각은 시야를 좁게 만들 뿐이며 결과적으로 내 세상을 그만큼 축소시킨다. 즉 문제가 생겨도 스스로 희생하고 넘어가는 것을 해결법으로 생각하게 되며, 비슷한 일이 발생해도 상황을 바꿔볼 시도조차 못 한다. 결국 상대에게 모든 것을 맞추며 더욱 주변에 휘둘리는 삶을 사는 것이다.

새로운 관계에서 새로운 인생이 싹튼다

평소 인간관계가 좋은 사람은 관계에서 도망치는 것을 주저하지 않는다. 경험상 내 주변의 '잘 풀리는 사람'이라는 평을 듣는 이들도 대부분 자신에게 부정적인 관계임을 인지하면 즉시 거리를 둔다. 싫어하는 사람과는 거리를 두며 굳이 만나야 한다면 짧은 시간만 할애한다. 간단히 말해 행복한 사람일수록 인간관계에 연연하지 않는다.

한 유명한 경영자는 회사가 커지면서 만나는 사람도 달라졌다고 말했다. 그는 회사를 생명체와 같다고 여겨 다양한 사람, 여러 회사와 협업하고 제휴를 맺었으며 그 결과 누구나 알 정도로 대성공을 거뒀다.

"계속 인간관계를 바꾸지 않으면 성장도 자기실현도 이룰 수 없다."

그 경영자의 말이다. 인간관계에는 신진대사, 즉 묵은 것을 내보내고 새것을 들이는 작업이 필요하다. 예컨대 성인이 돼서도 부모님 댁에서 살고 있다면 한 번쯤 집을 떠나 독립해 보기를 추천한다. 부모님과 살다 보면 가족이나 초중고 시절의 친구 등 전부터 알고 지내던 관계에 매몰될 가능성이 높기 때문이다.

오랜 관계 속에서 자라기 힘든 이유

부모나 친구가 아무리 "네 성장을 방해할 생각은 없어"라고 말해도 그들은 자신이 느끼는 위화감을 없애려 무의식적으로 우리의 발목을 잡고 만다. 오랜 인간관계가 생각하는 내 모습은 좀처럼 바뀌지 않기 때문이다. 상대는 변하려는 우리에게 어색함과 위화감을 느껴 유쾌하지 않을 것이다. 그러니 변하기로 작정했다면 오래된 관계와 심리적·물리적으로 거리를 둬야 한다.

오래된 관계에 의존하지 않고 새로운 이들과 연을 맺는 것이 인간관계의 신진대사다. 계속해서 활동에 필요한 에너지를 생성하고 필요하지 않은 것을 몸 밖으로 내보내려면 반복은 필수다. 지금의 인간관계로도 바라는 바를 이룰 수 있다면 좋겠지만 실현하기 어렵다면 지금의 관계를 재검토해야 한다.

　성장에 걸림돌이라고 판단하면 일단 거리를 두고, 부모나 친구라도 1년에 한 번 정도 만나는 정도의 관계로만 유지하는 것이 좋다. 나의 성장과 행복을 응원해 주는 사람과 관계를 맺는 것이 중요하다.

관계에서 제대로 도망치려면?

05　내 성장과 행복을 응원해 주는 사람과
　　사귀자.

인간관계에 대한
오해와 진실

믿기지 않겠지만 성장을 거듭해 변화하면 주변에 이렇게 반응하는 사람도 생겨난다. '나만 두고 좋은 곳으로 가다니!' '저 사람과 달리 나는 바뀌지 않는 한심한 인간인가?' 하며 바뀐 우리와 그대로인 자신을 비교하며 괴로워하는 것이다. 그들은 아주 많은 경우에 스스로를 정당화하기 위해 상대방의 성장을 진심으로 축하해 주지 않는다. 우리는 변화와 성과를 진심으로 기뻐하는 중립적이고 냉정한 사람과 사귀어야 한다.

변하지 않는 관계가 최고다?: X

앞서 인간관계에도 신진대사가 필요하다고 했다. 미용이나 다이어트에 비유하면 이해하기 쉬울지 모르겠다. 몸에 노폐물이 쌓이면 혈액의 흐름이 나빠진다. 순환이 원활하지 않으면 건강은 물론 외적 아름다움도 빛바랜다.

인간관계도 비슷하다. 원활히 순환해야 본래의 모습을 잃지 않는다. 변하지 않는 것이 좋다는 사람도 있다. 하지만 성장을 저해하는 관계를 오래 유지하면 좋지 않은 영향을 받을 수밖에 없다. 인간관계는 변하는 것이 자연스럽다. 오히려 바뀌지 않는 것이 부자연스럽다.

여러분도 중고등학교와 대학교, 전문학교를 거쳐 사회인이 되기까지 시간의 흐름에 따라 사귀는 친구가 달라졌을 것이다. 만약 나이가 들고 환경이 바뀌었는데도 같은 사람들하고만 어울렸다면, 냉정하게 말해 성장하지 않았다고 볼 수 있다.

먹을 가까이하면 검어진다?: ○

인간의 뇌에는 거울 뉴런이라는 세포가 존재한다. 간단히 설명하면 '내가 어떤 행동을 할 때와 마찬가지로 타인의 같은 행동에도 반응하는 세포'다. 함께 있는 사람의 행동이 우리 뇌에도 영향을 줄 수밖에 없다는 뜻이다.

행동이 비슷해지면 생각까지 비슷해진다. 부정적인 사람과 함께 있으면 부정적인 성향이 되기 쉽고, 항상 불안한 사람과 사귀면 항상 불안해진다.

"어휴, 일하기 싫어."

"대충 벌어도 즐겁게 살면 되지, 뭐."

이렇게 생각하고 말하는 사람과 함께하는 것이 당연해지면 그 사람의 사고방식이 우리에게 옮아와 업무적으로 성장하지 못하고 금전적으로 쪼들리는 삶을 살게 된다. 반대로 긍정적인 사람과 함께하면 긍정적으로 변하고 행동력 있는 사람과 사귀면 행동력이 생긴다.

그러니 우리는 함께 있으면 '성장할 수 있고 행복해질 수 있다고 느끼는 사람'과 친밀하게 지내야 한다. 건강해지고 싶다면 건강하지 않은 사람과 떨어져야 하고, 부자가 되고 싶다면 경제적 관념이 부족한 사람과 어울리면 안 된다. 업무 성과를 높이고 싶다면 업무 성과가 낮은 사람과 함께하면 안 된다.

관계에서 제대로 도망치려면?

06 현재 몸담은 커뮤니티 바깥의 사람들과 교류해 보자.

07

함께해야 할
소중한 관계들

나 역시 의식적으로 나를 성장시켜 줄 각종 행사에 참석하거나 새로운 커뮤니티에 가입해 적극적으로 새로운 만남을 가지려고 노력한다. 계속해서 더 좋은 인간관계를 맺기 위해서다.

커뮤니티에서도 내 성장에 자극을 주는 사람만 찾는다. 애써 모두와 친해지겠다는 생각도 없고 괜한 부담을 주는 관계는 피하는 쪽이 마음이 편하다. 하지만 새로운 모임에서도 내 성장에 긍정적인 자극을 주는 인물을 만나는 경우도 열 중 하나에 지나지 않는다.

이때는 그 사람에게 추가로 새로운 커뮤니티를 소개받아 그곳에서 나를 성장시켜 줄 10퍼센트를 찾는다. 이 방법으로 지금 내 주변에는 가치관을 공유할 수 있는 소수 정예만이 모이게 됐다.

가치관이 맞고 배울 점이 있는 사람

역사 속 위인들도 비슷한 방법을 활용했다. 일본의 근대화를 이끈 인물로 알려진 사카모토 료마는 1835년 도사번의 향사鄕士 집안에서 태어나고 자랐다.

료마는 가치관 차이로 주변과 사이가 틀어져 탈번해 당시 수도였던 에도로 향했고 이때 서양과의 교류에 우호적이었던 가쓰 가이슈의 제자가 되어 통상과 해운에 눈떴다. 또한 서로 대립 관계에 있던 사쓰마번과 조슈번의 동맹을 성사시켰는데, 이를 기반으로 일본은 약 700년간 이어진 무사 정권 체제인 막부를 무너뜨리고 정치·경제·문화 등 전 분야에서 근대화를 이룰 수 있었다.

료마에게는 눈여겨 봐주는 후원자가 있었다. 이를테면 사쓰마번에서 무기를 판매하던 영국인 토머스 글로버 등 가치관이 맞는 협력자를 만나 새로운 사상을 받아들였다. 만약 료마가 조슈번이나 사쓰마번의 익히 알던 일본인들하고만 친목을 나눴다면 그리 큰일을 도모할 수 있었을까? 도움을 주는 이들을 만나고 그들에게 영향을 받아 인간관계를 바꿔나갔기 때문에 큰 공을 세울 수 있었던 것이다.

또 다른 예는 많다. 2~3세기경의 중국을 배경으로 한 소설《삼국지연의》의 등장인물이자 위나라를 세운 조조는 뛰어난 인간관계 능력으로 지금까지도 많은 리더와 사업가에게 존경을 받고 있다.

조조는 당시 패권을 두고 각축을 벌인 유비와 손권에 비해 인재를 영입하는 일에서 한참이나 앞서 있었다. 특히 유비가 휘하의 장수들과 의형제를 맺고 의리를 강조한 반면 조조는 배울 점이 있고 뛰어난 인재라면 적군마저도 자기 사람으로 만들기 위해 공을 들인 것으로 유명하다. 그 결과

당대의 내로라하는 탁월한 전략가와 명장이 조조의 곁에 몰려들었으며, 이는 조조 사후 그의 뜻을 이은 사마의가 삼국 통일이라는 대업을 이루는 기반이 됐다.

좁은 시야를 넓혀주는 사람

항상 같은 사람과 모여 있으면 좀처럼 새로운 가치관을 가지기가 어려워 정체되기 쉽다. 늘 같은 얼굴과 만나고 대화하며 그들과 모든 시간을 보낸다면 한정된 사고방식에 갇혀 지낼 수밖에 없다. 그러니 여러분도 일부러라도 새로운 장소에 가거나 지금까지 만난 적이 없는 사람들을 만나보기 바란다. 새로운 가치관을 가진 인물, 정보에 민감한 수집가, 처음 보는 낯선 이가 모이는 곳을 찾아보자. 생각도 바뀌고 긍정적인 순환을 만드는 계기가 될 것이다.

인간관계는 음식과 같다. 신선한 재료와 몸에 좋은 음식을 섭취하면 건강에 도움이 된다. 반대로 상한 재료와 영양소가 충분하지 않은 음식, 맞지 않은 음식을 섭취하면 알레

르기 반응이 일어나고 건강이 나빠진다. 인간관계에서도 함께 성장할 수 있는 사람, 도움이 되는 사람, 당신이 인생에서 소중히 여기는 가치관을 공유할 수 있는 사람과 사귀도록 하자.

관계에서 제대로 도망치려면?

07 같은 사람하고만 교류하지 말고 신선한 공기로 환기하자.

도망치지 않으면
오히려 인생이 꼬인다

사람들은 결혼한 지 얼마 되지 않아 설레는 신혼을 즐기는 부부에게 이런 말을 하곤 한다.

"결혼을 해서 그런가요? 전보다 안정적인 분위기가 느껴지네요."

존중하고 의지할 수 있는 한 명과의 관계가 한 사람에게 어떤 영향을 끼치는지 보여주는 말이 아닐까 싶다. 결혼을 조장하려는 의도는 아니니 오해하지 않기 바란다.

반대로 누군가와 감정의 골이 깊을 때는 부정적인 생각과 결과로 이어질 때가 많다. 친구와 사이가 좋지 않을 때 학교생활이 재밌다고 느낄 학생이 얼마나 있을까? 친구나 연인과 함께 살고 있는 경우, 상대와 쌓인 감정을 해소하지 않는다면 집에서도 긴장한 채로 제대로 쉬지 못해 다음 날을 피곤한 상태로 시작할 것이다. 즉 인간관계로 고민하는 사람은 무의식중에 많은 것을 빼앗기며 하루하루를 산다고 할 수 있다.

시간을 도둑맞으면 내 인생도 도둑맞는다

특히 사회생활을 하는 사람이 싫어하는 이에게 대응하느라 시간을 빼앗기면 정말 해야 할 일에 시간을 들일 수 없다. 자기실현의 기회가 적어지는 것은 물론 수입의 성장 속도도 더뎌지기 때문이다.

일상에서는 스트레스가 쌓여 술 마시는 날이 늘어난다. 비싼 물건을 충동적으로 구매하거나 필요하지 않은 물품을 사는 등 찰나의 쾌락에 쓸데없이 돈을 쓴다. 배달 음식에 지나치게 소비해 식습관에 적신호가 뜨는 경우도 있다. 무엇보다 이렇게 생활 리듬이 깨지면 제자리로 돌아오기까지 원래라면 쓰지 않았어도 될 큰 시간을 또 허비해야 한다는 큰 문제가 있다.

시간을 빼앗겼을 때 일어나는 손실은 여기서 끝이 아니다. 더 나아가 가족과의 관계도 나빠지며 가정사가 일에도 영향을 미치게 된다. 이래서야 아무리 일을 좋아하는 사람이라고 해도 주변에서 '일에 대한 의욕이 없네?'라는 평가를 받고 만다. 그저 싫어하는 사람에 대응했을 뿐인데 말이다.

이처럼 싫어하는 사람에게 시간을 빼앗기면 여러 가지 악영향이 생긴다. 결과적으로 좋은 마인드나 사고방식을 갖기 어렵고 인생도 악순환에 빠져 힘들어질지도 모른다. 그야말로 '인간관계=인생'이라고 해도 과언이 아니다.

황금 같은 내 시간을 사수하려면?

정신 건강이 나빠질수록 인생도 잘 풀리지 않는다. 가능성과 에너지를 빼앗기면 잘될 일도 망치고 만다. 싫어하는 사람에게 몸과 마음이 휘둘리면 결국 자신이 하고 싶은 일과 해야 할 일을 구분할 수 없게 된다.

만약 주변에 시간을 헛되이 빼앗는 사람이 있다면 당장 도망치자. 구체적으로는 커뮤니티나 SNS 등에서 처음부터 끝까지 부정적으로 말하거나 행동하는 사람, 다른 사람들에게서 무언가를 빼앗는 사람이다.

"일단 만나서 얘기해요" "정보교환 합시다"라며 명확한 목적 없이 다가오는 인물도 주의해야 한다. 푸념을 듣다가 부정적인 마인드에 끌려다닐 가능성이 높고 쓸데없는 소문이나 잡담으로 시간을 헛되이 뺏기는 경우가 잦기 때문이다. 즉 만남의 본전을 건지기는커녕 손해만 볼 뿐이다. 누군가가 모호한 말로 다가온다면 슬기롭게 거절하자.

관계에서 제대로 도망치려면?

08 시간을 빼앗는 사람은 돈도 에너지도 빼앗는다.

2장

인간관계를 바꾸면
인생이 바뀌기
시작한다

흐르지 않으면
사람도 상한다

싫은 사람과 가치관이 일치하지 않는 사람은 전염병을 퍼트리는 바이러스 같은 존재다. 주위에 그런 존재가 한 명이라도 있으면 다른 모든 인간관계에 영향을 미친다. 조금 과장하자면 인생이 파멸에 이를 가능성도 있다. 발견 즉시 조치를 취하지 않으면 건강한 삶은 요원해진다.

가족과 친구, 파트너나 연인, 직장 동료, 손님, 아는 사람 모두 우리에게 해를 끼칠 수 있다. 누군가가 내게 악영향을 준다는 사실을 인지했다면 그와 연결고리가 매우 강하다

해도 서서히 거리를 둬야 한다. 이를테면 '절친인 줄 알았는데 요즘 좀 어색하네' 같은 생각이나 느낌이 들 때는 망설이지 말고 만나는 빈도를 줄여야 한다. 일주일에 한 번꼴로 만났다면 한 달에 한 번으로 줄이는 등 바로 할 수 있는 조치부터 시작하자.

망설임은 언제나 독이 되어 돌아온다

주의해야 할 점도 있다. 역으로 우리가 소중한 사람에게 해로운 존재로 취급당해 거리 두기의 대상이 될 수도 있기 때문이다. 만약 상대가 나를 피한다는 느낌이 들면 그 원인을 알기 위해서라도 그와 마음을 터놓고 대화하는 자리를 갖자.

인간은 완벽하지 않으니 당연히 당신에게도 개선할 부분이 있을 것이다. 그럴 때는 상대에게 이런 식으로 솔직하게 물어보자.

"○○○ 씨는 제게 소중한 사람이에요. 계속 좋은 관계를 유지하고 싶은데, 어려울 수 있지만 혹시 제게 개선해야 할 점이나 조심해야 할 점이 있다면 터놓고 이야기해 줄 수 없으실까요?"

이렇게 말했는데도 핵심을 흐리고 대답을 못 해준다면 그 인간관계는 이미 떠난 열차나 다름없다. 이럴 때는 우선 관계를 정리하자. 과감히 거리를 두고 떠나야 한다. 그렇지 않으면 계속 나쁜 영향과 어색한 분위기에 사로잡혀 심적으로 지치고 일에서도 어떤 일에 도전하고 싶다는 마음도 꺾이고 만다. 나쁜 인간관계가 계속 이어지고 있다는 생각이 들면 일단은 지금의 관계에서 도망치자.

인간은 원래 도망치는 동물이다

다소 거칠지만 관계를 정리하는 가장 간단한 방법은 환경을 바꾸고 지금까지의 상식이 통용되지 않는 장소로 이동하는 것이다. 전학이나 이사, 상경이나 귀농, 유학과 이직이 대표적인 예다. 공간이 바뀌면 단번에 외부 환경은 물론 세상을 보는 시각도 달라져 인간관계에도 변화를 줄 수 있다.

나 역시 학창 시절에 다섯 번이나 전학을 다니며 자신감과 자존감이 흔들리는 시기를 보냈다. 장래에 하고 싶은 일도 없었고 앞으로 어떻게 살아가면 좋을지도 막연해 그야말로 인생의 밑바닥에서 헤맸다.

내 인생이 바뀐 첫 번째 큰 계기는 미국 유학이었다. 우리나라에서는 상식인 행동과 생각이 다른 나라에서는 비상식적인 일이 되곤 한다. 반대로 다른 나라에서는 당연한 일이 우리나라에서는 비상식인 경우도 비일비재하다. 유학은 그 전까지 고민하던 일들이 너무나도 작은 일로 느껴진, 좋은 의미로 긴장하고 진지해지는 계기였다.

이처럼 지금까지의 상식이 통하지 않는 곳으로 삶의 터전을 옮기면 좋은 영향을 많이 받을 기회가 생긴다. 물론 처음에는 누구나 환경을 바꾸는 것을 두려워할 것이다. 하지만 역사적으로 인간은 아주 오래전부터 이동하면서 생활했다. 이 책을 읽고 있는 여러분이 한국인인 이유도 조상 중 누군가가 한국으로 이주해 터를 잡았기 때문이다. 인간에게 이동은 극히 자연스러운 일이다.

또 오늘날처럼 다양한 의미에서 이동하기 수월한 시대는 없었다. 작은 용기와 행동력만 있다면 지금의 고민을 해소할 수 있을 뿐만 아니라 당신의 인생을 바꿀 수도 있다. 우리는 어렵지 않게 인간관계를 바꿀 수 있는 시대를 살고 있는 셈이다. 걱정과 고민은 붙들어 매도록 하자.

관계에서 제대로 도망치려면?

09 나쁜 인간관계에서 도망치는 일을 주저하지 말자.

지금 당장 도망쳐야 하는 상황 1

나만의 시간이 없어요

이렇게 이야기해도 여전히 지금의 인간관계에서 도망치기를 주저하는 사람이 많을 것이다. 이해한다. 익숙한 무언가를 바꿀 때는 시행착오가 따라오기 마련이고, 대체로 이 과정은 즐겁지 않으니 말이다.

그렇다면 불필요한 인간관계에서 도망치면 많은 장점이 생긴다는 것을 상기해 보자. 몇 가지 예시를 들면 '자신을 위한 시간이 생긴다' '몸과 마음에 새로운 에너지가 생긴다' '마인드가 긍정적인 방향으로 바뀐다' 등이다.

시간은 한정되어 있고 모두에게 쓸 수 없다

특히 나를 위한 시간이 늘어나는 것은 매우 중요하고 핵심적인 장점이다. 우리는 모두 하루 24시간을 보내며 1년으로 치면 8,760시간이다. 돈이나 외모, 운동 능력이나 학습 능력 등은 평등하지 않지만 시간은 누구에게나 평등하게 주어지는 유일한 자산이다. 마이크로소프트의 창업주 빌 게이츠나 세계적인 투자 기업 소프트뱅크의 창립자 손정의 등 성공한 수많은 사람에게 주어진 만큼의 시간이 우리에게도 똑같이 주어진다. 즉 어떻게 시간을 활용하느냐가 인생을 더 잘 살 수 있는 비결이다.

만약 여러분이 직장인이라면 출근 준비와 출퇴근 이동시간을 포함하면 아침 7시부터 저녁 7시까지 약 12시간 동안에는 일에 구속된다. 사람마다 차이가 있겠지만 회사에 다닌다면 대략 비슷한 하루 일정이 아닐까 싶다.

자는 데 6시간, 씻고 식사하는 데 1시간이라고 하면 자유롭게 움직일 수 있는 시간은 5시간 정도다. 피곤해서 휴식해야 하는 시간도 넣어서 생각하면 기껏해야 4시간 정도다.

우리는 이 4시간을 주로 가족, 친구, 연인, 지인, 회사 사람과 다양한 방식으로 소통한다. 결과적으로 타인에게 시간을 소비하고 있는 셈이다. 인간은 고독을 두려워해 외로움을 달래려 다른 사람과의 연결을 추구한다.

좋든 싫든 인간이 혼자 사는 것은 불가능에 가까우니 인간관계는 필수 불가결인 듯하다. 당신의 금쪽같은 시간을 반드시 누군가에게 소비해야 한다면 정말로 중요한 10퍼센트의 인물들에게 사용해야 하지 않을까?

내 시간은 나의 것

흘러가는 대로 의식과 몸을 맡기며 별 볼 일 없는 사람과 시간을 보내는 수동적인 삶을 사는 사람이 많다. 눈을 뜨고 몸을 일으키자. 의식하지 않으면 시간은 자신의 것이 아니라 다른 사람의 것이 되고 만다.

가장 먼저 대전제로 인생에서 가장 중요한 것은 시간이라는 사실을 자각해야 한다. 특히 나를 위한 시간을 확보해야 한다. 중요한 사람과 소통하기 위한 시간, 앞으로 인생에서 무엇을 하고 싶은지 생각하는 시간 등 당신에게 도움이 되는 시간을 갖도록 하자.

인간관계가 다양하면 시간이 아무리 많아도 부족하다. 이 경우 나를 위해 쓸 수 있는 시간은 더욱 한정된다. 그러니 정말 중요한 10퍼센트의 사람을 엄선하고 자신에게 도움이 되지 않는 관계를 줄여 나만을 위한 시간을 찾는 것이 무엇보다 중요하다.

관계에서 제대로 도망치려면?

10 별 볼 일 없는 인간관계로 허비하는 시간을 줄이자.

지금 당장 도망쳐야 하는 상황 2

하고 싶은 게 없어요

불필요한 관계에서 도망쳤을 때 가장 큰 장점은 바로 내 삶을 살 수 있다는 것이다. 가끔 휴식을 취할 수 있는 기회가 생겨도 스스로 무엇을 좋아하는지 몰라서 유아무야 보내는 사람이 있다. 내 취향을 모르는 이유는 나에 대해 진지하게 생각할 시간이 없기 때문이다. 이때 주목해야 할 부분은 스스로에 대해 생각하지 않는다는 지점이 아니다. 너무 바빠서 나를 돌볼 시간을 낼 수조차 없다는 것이 바로 우리가 놓치지 말아야 할 가장 큰 문제다.

스스로를 돌보지 못하는 사람들

직장인이라면 보통 평일에는 일 관련 인간관계에 지치고 퇴근 후나 휴일에는 가족관계로 피곤해질 가능성이 높다. 독신이라면 친구와 연락을 주고받느라 피곤해질 것이다. 이런 경우 스스로에 대해 진지하게 생각할 시간이 없을 수밖에 없다. 정신적으로 피폐해지면 생각할 기운조차 생기지 않는다. 몇 년 동안 비슷하게 생활하면 "내가 뭘 좋아하는지 모르겠어"라고 말하는 이상 현상이 생긴다.

인간관계는 삶을 이루는 중요한 요소다. 앞에서도 언급했지만 흔히 주위 다섯 명의 평균 연봉이 내 연봉이라고들 한다. 연봉에 한정된 이야기가 아니다. 건강과 정신 건강, 자산 관리 등에서도 마찬가지다.

주변에 '저렇게는 되지 말아야지'라는 생각을 떠올리게 하는 사람이 가득하면 목표를 달성할 수 없다. 자신이 지금 어떤 커뮤니티에 속해 있는지, 성공을 거두는 사람이 어디에 있는지 진지하게 생각해 보자. 물론 지금의 인간관계에서 도망치기 위해서도 에너지가 필요하다. 하지만 별 볼 일 없는 인간관계에서 벗어날 수만 있다면 새로운 에너지로 충만해질 것이다.

나에게 집중하면 꿈과 목표가 보인다

예전에 스리랑카의 한 산속에 2주간 머문 적이 있다. 전파가 닿지 않는 곳이라 당연히 다른 사람들과 연락할 수단이 없어 외부와 단절된 생활을 했다. 그때 사람이 느끼는 피곤함이나 스트레스 대부분이 인간관계에서 비롯하는 것이 아닐까 하는 생각이 들었다.

대자연 속에서 아침에는 작은 새들의 지저귐에 눈을 뜨고 아무 일정 없이 한가로이 독서를 하거나 일기를 썼다. 그러다 보니 그동안 잊고 있었던 하고 싶었던 일, 가고 싶었던 곳, 보고 싶었던 사람 등이 생각났다. 나에게만 오롯이 충실히 집중하며 다시 한번 인생의 방향성이나 향후의 계획 등을 곰곰이 생각할 수 있던 것도 좋았다.

그전까지의 관계에서 벗어나 나를 객관적으로 바라볼 수 있었던 이 경험은 일과 삶의 다음 목표를 설정하는 데 큰 도움이 됐다. 여러분도 불필요한 인간관계에서 거리를 둔다면 이런 부가적인 효과를 기대할 수 있을 것이다.

관계에서 제대로 도망치려면?

11 인간관계를 줄이고 마음속 소리에 귀 기울이는 시간을 갖자.

12

지금 당장 도망쳐야 하는 상황 3

주변의 간섭이 숨 막혀요

인생을 즐기고 삶에 만족하는 사람은 스스로의 상황과 속도에 맞춰 사는, 이른바 '마이 페이스'형 생활 방식을 추구하는 경우가 많다. 생각한 대로 움직이면 사고와 행동에 일관성이 생겨 목표를 달성할 가능성이 높아진다는 의미다. 다른 말로 '나는 나만의 길을 간다'는 뜻의 '마이 웨이'형 성격의 소유자라고도 한다. 이런 사람은 경영을 시작하든 운동 선수가 되든 예술가로 살든 자기 분야에서 최고가 될 확률이 높다.

자유롭고 싶었던 40대 기혼 여성

좋은 평가를 받는 사람일수록 원하는 일이나 말을 하는 경향이 크다. 언뜻 고독해 보일 때도 있지만 그렇지만도 않다. 타인에 대한 배려도 잊지 않고 사람을 끌어들이는 능력이 뛰어나기 때문이다. 외로운 늑대처럼 보여도 잘 살펴보면 도와주고 협력해 주는 사람, 서로 잘 아는 동료에 둘러싸여 생활하는 경우가 많다.

내 세미나에 참석한 40대 기혼 여성이 뒤풀이 자리에서 들려준 이야기다. 그는 남편과 부모님, 어머니 친구와의 관계에 매우 지친 상태라며 고민을 토로했다.

자세히 들어보니 그는 남에게 싫은 소리를 듣기 싫어했고 어디를 가든 스스로 결정하고 싶어 했으며, 좋아하는 것을 마음껏 하고 싶다는 욕망이 강한 사람이었다. 한마디로 마음속에 타인에게 얽매이지 않고 살고 싶다는 바람을 품고 있었다. 하지만 외출할 때마다 "어디 가?" "누구 만나?" "몇 시에 돌아와?"라며 꼬치꼬치 캐묻는 주변인들 때문에 스트레스가 이만저만이 아니라고 말했다. 어머니 친구들과의 커뮤니티도 반강제로 참석해야 해서 힘들어했다.

이미 스트레스 지수가 상당히 높아 보였고 개인 시간도 대부분 빼앗겨 정신적으로 궁지에 몰린 상태였다. 나는 이렇게 조언했다.

"어쨌든 지금 쫓긴다는 느낌이 들면 무리하지 말고 나를 우선해서 아끼는 편이 좋겠어요. 그리고 진정으로 신뢰할 수 있는 사람 또는 함께 성장할 수 있는 사람과 시간을 더 많이 가져보세요. 좋은 분들에게 둘러싸여 있으면 다 괜찮아질 거예요."

원하던 삶을 살게 해준 도망치기의 힘

그는 놀라운 변화를 보여줬다. 반년 만에 과감히 이혼하고 기존의 인간관계를 모두 청산한 것이다. 자신을 위한 시간을 확보하고 좋아하는 일에 집중하니 주변에 성공한 사람과 유익한 정보가 흘러들어왔고, 도와주겠다는 사람도 나타나면서 일과 인생이 크게 바뀌었다.

이혼 전 그가 운영하던 피부 관리실은 그리 큰 수입을 내지 못했는데, 현재는 손님이 몰려 예약을 해도 한 달 이상 기다려야 할 정도로 성장했다. 인간관계를 바꾸면서 보다 활기차게 일하고 사적으로도 자신과 가치관이 맞는 친구와 함께 해외여행을 다니는 등 원하는 삶을 살고 있다.

이는 수많은 변화 사례 중 하나에 불과하다. 다만 이 사례를 경제적 성공을 위해 인간관계를 바꿔야 한다는 뜻으로 받아들이지 않기 바란다. 괴로운 삶에 종지부를 찍으려면 인간관계를 바꿔야 한다는 것을 보여주려 한 것이다. 어떤 인간관계를 맺느냐에 따라 인생은 이렇게나 많이 달라진다.

관계에서 제대로 도망치려면?

12   좋은 의미의 자기중심적인 사람이 되자.

13

학교와 회사에 가기 싫어요

TV를 켜면 사회문제를 다룬 수많은 소식이 쏟아진다. 특히 누군가의 사망 사건은 크게 다뤄진다. 그 누군가는 공무원 시험을 준비하던 수험생, 폭언과 과로에 혹사당하던 회사원, 늘 멋있게만 보이던 연예인 등 다양하다.

나는 직업상 직장인의 힘든 회사 생활 고민을 들을 때가 많은데, 가혹한 업무 환경도 문제지만 불편한 인간관계가 원인인 경우도 많다. 그럴 일이 없기 바라지만 만약 목숨을 끊고 싶다는 생각이 들 정도로 고통스럽다면 궁지에 몰리기 전에 퇴사와 이직, 휴직 등의 방법으로 지금의 인간관계에서 도망쳐야 한다.

도망치면 안 되는 관계는 없다

최근에는 왕따를 겪은 중고등학생이 자살하는 사례도 늘고 있다. 나 역시 학창 시절에 따돌림을 당하며 좋지 않은 생각을 한 적이 있다. 만약 선생님이나 친구, 부모님 모두 도와주지 않아 자살 사고까지 떠오르는 지경에 이르렀다면 지금의 인간관계에서 과감히 도망쳐 전학을 가거나 학교를 그만두고 검정고시를 준비하는 것도 하나의 방법이다.

내가 완전히 닳아 소모되기 전에 대책을 세워야 한다. 우리가 궁지에 몰리는 가장 큰 원인은 인간관계다. 상대방의 의견이나 생각에 "아니요"라고 말할 수 없는 상황에 놓이면 정말 괴롭다. 그런데도 고독과 외로움이 두려워 불편한 인간관계에서 도망치지 못하고 스스로를 나쁜 방향으로 내모는 경우는 아주 흔하다. 즉 많은 사람이 인간관계가 조금 껄끄럽다는 이유로 몸담은 커뮤니티를 떠난다는 생각은 하지 못한다.

마음 한구석에 변하기 싫다는 마음도 있을 것이다. 어찌 됐든 일단은 오래 겪어 안심할 수 있는 사이고, 불편해도 자기만 참으면 되는 문제라고 생각해 지금의 관계를 유지하자는 방향으로 생각이 기운다. 하지만 쭉 함께였다고 해서 무조건 희생하고 참을 필요는 없다.

어떤 이유가 됐든 자기희생으로 성립되는 관계라면 도망쳐야 마땅하다. 오랜 친구와는 가치관이 맞지 않다는 이유로 쉽게 관계를 정리하기 힘들 수도 있다. 현실적으로 거리를 두는 것이 어려울지도 모른다. 무릇 인간이란 정에 약하기 마련이라 안타까운 마음을 느끼는 경우도 많다.

나를 환영해 줄 사람은 반드시 있다

관계를 정리하지 않으면 여러분의 인생이 무너질 수 있다. 적어도 모임에 나가지 않거나 다른 인간관계를 찾아보는 등 어떤 행동을 취하지 않으면 안 된다.

세상에는 정말 다양하고 많은 커뮤니티가 존재한다. 초연결시대인 만큼 SNS 등 여러 수단으로 당신과 맞는 커뮤니티를 반드시 찾을 수 있을 것이다. 만약 찾을 수 없다면 직접 커뮤니티를 만들어도 좋다. 일단 행동하는 것이 중요하다.

새로운 커뮤니티를 찾거나 개설했다면 한마디 말을 걸어보자. 이것이 새로운 인간관계를 구축하는 첫걸음이다. 나와 비슷한 사고방식과 화법을 가진 사람과는 금세 친해질 수 있다. 지금의 인간관계가 사라져도 당신을 환영해 줄 사람은 어딘가에 반드시 있으니 걱정할 필요 없다.

관계에서 제대로 도망치려면?

13   인간관계보다 중요한 것은 바로 나임을 기억하자.

14

새로운 인연과 함께
새로워진 인생

코로나19로 비대면 소통이 일상화되며 전화 소통이나 연락하는 것에 어려움을 호소하는 청년층이 생겨났다. 일명 전화 공포증 또는 연락 공포증을 겪는다는 것인데, 증상이 심할 경우 전화벨 소리만 들어도 심장이 쿵쾅거리고 식은땀이 난다고 한다. 공식적으로 등재된 질환은 아니지만 심리학자를 비롯한 전문가들이 매체에서 해당 명칭을 언급하거나 관련 칼럼을 써낼 정도니 어느 정도 공공연하게 퍼진 현상이 아닐까 싶다.

기회는 행동하는 사람을 따라간다

누군가를 사귀고 싶지만 대화를 시도하는 것이 어렵다면 굳이 신체적 반응을 거부하면서까지 힘들게 말을 걸지 않아도 된다. 물론 아무것도 하지 않아도 된다는 뜻이 아니다. 대화가 어렵다 해도 행동은 반드시 필요하다. 일단 어떤 행동을 하면 이를 계기로 가치관과 취향이 맞는 모임을 만날 수도 있기 때문이다.

나는 중고등학생 때는 전학을 다니느라 친구를 전혀 사귀지 못했고 대학에 들어가서도 생각이 통한다고 말할 만한 친구는 한두 명 정도밖에 사귀지 못했다. 요즘 말로는 아웃사이더 중의 아웃사이더였다.

대학교 1학년 때의 이야기다. 어느 날 《포토리딩The PhotoReading Whole Mind System》이라는 책을 읽고 크게 감명받은 적이 있다. 신경 언어 프로그래밍과 가속 학습 분야 권위자인 폴 R. 쉴리 박사의 저서였는데 잠재의식을 이용해 많은 정보를 빠르게 받아들이고 처리하는 학습 방법을 소개하는 내용이었다. 나는 쉴리 박사의 속독 강연을 듣기 위해 심야버스를 타고 도쿄로 향했다. 무려 두 달분의 아르바이트비라는, 당시 내 상황에서는 정말 거금을 써가면서 말이다.

강연장에는 전국의 중소기업 경영자 30명 정도가 참여했고 우리는 쉴리 박사에게 포토리딩 속독법을 배웠다. 이때 강연보다 더 인상 깊었던 부분은 바로 뒤풀이에서 그들과 즐겁게 이야기 나누고 교류한 것이었다.

작은 움직임이 불러온 큰 변화

우리는 함께 식사하며 '자기계발 모임에 참석하면 함께 뭔가를 배우고, 저녁에는 맛있는 밥도 먹고, 전국 각지의 다양한 친구가 생기니 최고다'라는 대화를 나눴다. 나에게는 '관심사가 겹치는 인생 선배를 이렇게나 많이 만날 수 있구나' 하고 깨달은 신기하고 귀한 순간이었다.

그러던 중 누군가가 속독을 공부하는 스터디 그룹을 만들어 같이 식사도 하자고 제안했고, 덕분에 자연스럽게 커뮤니티가 생겼다. 친구가 몇 없는 대학생이었던 나는 이렇게 용기를 내 새로운 환경에 뛰어들기 시작하면서 훌륭한 지인을 많이 사귀었다. 그중 몇 명과는 지금도 가끔 식사를 같이 정도로 오랫동안 교류하며 비즈니스를 하기도 한다. 누구와 함께 시간을 보내느냐에 따라 인생이 크게 달라진다는 것을 깨달은 값진 경험이었다.

관계에서 제대로 도망치려면?

14 상황을 바꾸고 싶다면 한 걸음 내딛자.

3장

나를 망치는
불편한 관계에서
제대로 벗어나려면

언제 도망쳐야 하고
어떻게 멀어져야 할까?

첫 장에서도 말했지만 껄끄러운 관계에서 좀처럼 도망치지 못하는 심성 착한 사람이 가장 먼저 해야 할 일은 바로 인간관계 정리 계획을 세우는 것이다.

어떤 사람과 관계를 유지하는 것이 무리라는 판단이 들었다면 이때의 행동에 따라 그 후의 인생이 달라진다. 관건은 판단 시기를 제대로 잡는 것이다. 이 기회를 알아보지 못하면 오랜 기간 안 해도 될 고생을 하게 된다. 그렇다면 우리는 언제 관계 정리를 결심해야 할까?

위화감, 떠나라는 신호

관계에서도 축구 경기에서처럼 옐로카드가 뜰 때가 있다. 이 황색 경고등은 인생이 보내는 '관계에서 도망치라는 신호'다. 우리는 어렵지 않게 이 신호를 알아볼 수 있다.

누군가와 일하거나 함께 행동할 때 뭔가 이상하다고 느끼거나 성향이 맞지 않는다는 생각이 든다면 경보가 울리고 있는 것이다. 우리가 느끼는 미묘한 위화감이 바로 도망치라는 신호이며 이를 놓치지 않는 것이 중요하다. 예를 들어 업무나 취미 활동을 함께한 후에 '저 사람하고 같이하지 말걸'이라는 생각이 떠오른다면 이 감상은 대체로 적중하고 시간이 흘러도 그와 좋은 관계로 발전하기 힘들다.

내 마음의 소리에 귀 기울이지 않으면 스트레스를 받고 의사소통도 원만하게 풀리지 않는다. 위화감이나 불쾌함을 느낀다면 상대와의 연결을 느슨히 하고 만나는 횟수와 시간을 줄여야 한다. 즉 친밀도를 낮추고 조금씩 거리를 둬야 한다.

특히 금전 관계에서는 더 조심해야 한다. 종종 지인 중에서 쉽게 돈을 벌 수 있는 방법이 있다며 투자나 사업을 제안하는 사람이 있다. 현재 그와 사이가 얼마나 좋은지는 상관없다. 이런 인물과의 관계는 결국 깨지기 마련이다. 혹하는 마음이 생길 수 있지만 위화감이 든다면 넘어가지 않도록 주의하자.

티 나지 않게 조금씩 거리 둘 것

인간관계에서 도망칠 때 현실적으로 할 수 있는 일은 바로 거리 두기다. 거리 두기는 관계 정리 계획을 세울 때 가장 먼저 고려해야 할 방법이다. 갑자기 도망치면 그동안 함께한 다양한 감정을 해소하지 못해 뒤엉킨 상태로 남아버린다. 우선 거리 두기부터 시작해 감정의 골을 완화하자.

거리를 두지 않으면 점점 무기력한 인간이 되고 만다. 싫은 사람과 뭔가를 하다 보면 무의식중에 피폐해지기 때문이다. 사람들은 보통 좋아하는 일을 하면서 자부심과 보람, 열정을 얻는다. 나는 청중 앞에서 말하기, 다른 사람들에게 도움 주기, 글쓰기, 계획 세우기 등을 좋아한다. 여러분도 좋아하는 일이 있을 것이다. 좋아하고 보람도 느끼는 일을 위화감을 느끼는 사람과 해야 한다면 좋아하는 일도 갑자기 싫어진다.

'일=싫다'가 되고 나면 늦는다. 지금 싫은 사람이 있다면 그와 연결된 채로 지내면 안 된다. 인간관계에 지치면 업무뿐만 아니라 다양한 방면에서 의욕이 떨어져 여러분의 재능이 파묻히고 만다. 결국 하루하루 견디며 울며 겨자 먹기로 마지못해 일하는 삶을 살게 된다.

현대인이 번아웃증후군을 호소하며 직장과 일에 흥미를 잃는 이유는 업무의 난이도나 과중함보다 함께 일하는 동료나 상사, 부하 직원과의 관계가 원인인 경우가 많다. 그런 나날이 이어지면 절대 만족스러운 인생을 살 수 없다.

관계에서 제대로 도망치려면?

15 위화감이 드는 관계에서는 도망쳐야 한다.

상대의 기분이
내 기분이 되지 않게

불필요한 관계 정리는 나를 소중히 여기는 일로도 이어진다. 스스로를 소중히 여기지 않는 사람은 이상적인 삶을 만들어 내지 못한다. 내가 나를 우선시 여기지 않는데 누가 나를 존중해 줄까?

해외 생활이 길어지다 보니 의도치 않게 서양과 동양 문화권 사람들의 차이를 보고 느낄 때가 많다. 내 입장에서는 일본의 정서와 다른 점이 더 잘 보이니 설명하기 수월하게 일본인의 경우를 예로 들겠다.

나를 존중하지 않으면 온 세상이 적이 된다

일본인들은 어떤 일을 수행할 때 상대 입장에 서서 생각하는 능력이 매우 뛰어나다. 하지만 바로 이 장점이 지나쳐 정신력을 많이 소모하고 업무에서도 본래 실력을 제대로 발휘하지 못할 때가 많다. 스스로 역량에 제동을 걸어 나보다 주변 사람을 존중하고 정중하게 대하는 것이다.

이 책을 읽는 독자 중에 비슷한 성향을 가진 사람이 있다면 지금보다 조금 더 스스로를 위로하고 소중히 여기기를 바란다. 소중한 나를 위해 상대나 만드는 분위기를 읽으면서 대화하는 것을 조금 자제해 보자. 한마디로 분위기를 읽고 눈치껏 행동하려고 애쓰지 말자는 것이다.

많은 일본인이 지나치게 상대의 기분을 헤아리려 한다. 심지어 그 사람의 마음을 읽고 그에 맞춰 내 생각과 다른 말이나 행동을 취한다. 회사 조직뿐만 아니라 다양한 사적 커뮤니티에서도 마찬가지다. 물론 다른 사람의 마음을 살피고 헤아리는 태도는 관계를 맺고 유지할 때 분명히 필요한 중요덕목이다. 하지만 이 지나친 배려심은 자칫 스스로의 감정에 브레이크를 걸어 의욕이나 주장을 억제한다. 경우에 따라서는 우울증의 원인이 되기도 한다. 이래서야 스스로 자신의 가능성을 눌러 닫아버리는 꼴이다.

분위기를 파악해 말하고 행동하겠다는 생각을 조금만 줄여보자. 이렇게 다짐하는 것만으로도 인생이 좋은 방향으로 나아간다. 조금 더 자세히 설명하자면 의견을 좀 더 적극적으로 말하겠다고 생각하는 것뿐만 아니라 지금까지 그랬다는 이유로 답습하지 않겠다고 마음먹어 보자. 주변과 의견이 달라도 나는 왜 그렇게 생각하는지, 왜 그렇게 하는 것이 좋은지 이야기하도록 노력해 보면 좋겠다.

나를 존중하는 것이 좋은 인간관계의 시작점

일본 사회는 분위기 파악을 못 하면 따돌림을 당하고 자기주장이 강하면 불이익을 받는다는 경향이 강하다. 이런 사고방식은 삶이 고달파지는 요인으로 작용한다. 내 주변에는 눈치 없는 사람도, 주장을 끝까지 관철해 자기실현에 성공한 이도 많다. 인간관계나 인생을 지기 뜻대로 사는 사람일수록 스스로를 소중히 여긴다. 분명한 것은 신기하게도 그들 주위에 사람이 모인다는 점이다.

지금은 많이 바뀌었다지만 여전히 일본은 집단주의 성향이 짙다. 이 기본적인 성향을 '상호의존형'이라고 하겠다. 이런 사회 분위기에서 사람들은 내가 나 또는 타인을 어떻게 생각하느냐보다 주변에서 나를 어떻게 생각하느냐를 극단적으로 신경 쓴다. 또 대다수가 남의 눈치를 보고 누구에게도 피해를 주지 않으려 하면서 가급적 상대에게 맞추며 산다. 매우 공손하고 예의 바르며 상냥하다. 누군가와 같이 있고 싶어 하고 함께 있지 않으면 불안해한다.

반면 영미권 사회는 개인주의 성향이 강하다. 개인의 독립성을 기반으로 마음이 맞는 사람끼리 관계를 맺는다. 남에게 많이 신경 쓰지 않는 성향의 사람이 많다. 비즈니스적 성향이라고 할 수도 있겠다.

어느 쪽이 좋고 나쁘다는 이야기가 아니다. 문화권과 국가에 따라 사람들의 기본 성향이 다른 것은 당연하다. 하지만 다른 문화에서 배울 점이 분명히 있지 않을까?

최근 유튜브나 SNS 등의 사용이 보편화되면서 사회 분위기가 사고방식과 취미, 기호 등 개인의 가치관을 중시하는 방향으로 조금씩 바뀌고 있다. 회사 동료나 상사와 시간을 보내기보다 마음이 맞는 사람끼리 만나거나 식사를 하는 것을 선호하는 쪽으로 말이다. 어쨌든 마음이 맞는 사람이나 가치관이 비슷한 사람과 함께 시간을 보내는 것이 자연스러운 일임을 알아야 한다.

관계에서 제대로 도망치려면?

16 먼저 내가 어떻게 하고 싶은지 생각해 보자.

사귈 사람은
스스로 선택할 것

'별 볼 일 없는 관계라면 도망치는 게 좋다.' 내가 지금까지 일관되게 강조한 생각이다. 지금의 인간관계를 면밀히 검토해 필요한 관계인지 불필요한 관계인지를 선별해 두지 않으면 훗날 후회할 일이 생긴다. 물론 지금의 인간관계에서 도망칠 수 없는 상황일 수도 있다. 어떤 인간관계가 중요한지, 어떤 인간관계가 필요 없는지 등을 시그널만으로 알아채지 못하는 사람도 있을 것이다. 이때 선별에 도움을 주는 중요한 요소가 바로 선택이다.

내 인생의 주인은 다른 누구도 아닌 바로 나

결국 인생은 선택의 연속이다. 선택지가 다채로운지 아닌지, 많은지 적은지에 따라 자유로울 수도 있고 불편할 수도 있다. 인간관계도 선택이 필요하다. 자신에게 정말 필요한 사람을 선택해서 사귀어야 한다.

선택을 못 하는 가장 큰 원인은 불안정한 심리 상태에 있다. 지금의 인간관계를 싫어하면서도 타인과 연결이 끊어지는 것을 두려워하는 것이다. 관계를 바꾸면 나에게 가치 있는 새로운 세계가 펼쳐진다는 것을 알면서도 다른 사람에게 휩쓸려 기존의 세계에 안주하는 것은 수동적이라고밖에 할 수 없다.

물론 스스로 결정하지 않는 삶이 훨씬 편하기는 하다. 하지만 과연 그런 삶을 자신의 인생이라고 말할 수 있을까? 바라는 소망을 평생 이룰 수 없고 지금의 고통이나 고민이 영원히 사라지지 않는 삶을 말이다. 스스로 결정하고 스스로 개척해 나가는 것이 인생을 즐기는 비결이다.

제대로 된 선택을 위한 사전 준비

분명하게, 반드시 강조하는 부분이니 잘 들어주기 바란다. 확실히 도망치기로 결심했다면 경제적으로 직장에서 받는 근로소득에 의존하지 말고 다른 수입원을 찾아두는 편이 좋다. 만약 단번에 인간관계를 바꾸려고 불쑥 다니던 회사를 그만둔다면 어떻게 될까? 대책 없이 무작정 도망치는 것은 능사가 아니다.

경제적으로 곤란해진다면 아무런 의미가 없다. 도망치더라도 경제적으로 자립할 수 있어야 한다. 한 달에 200만 원에서 300만 원 정도 수입이면 부족하지 않게 생활할 수 있다. 요즘 이 정도는 생각보다 어렵지 않게 벌 수 있다. 예를 들어 화상회의 앱인 줌Zoom 등을 이용한 온라인 강좌나 컨설팅으로 경험을 전달하고 수입을 얻는 방법도 있다. 기존에 온라인 활동을 활발히 한 사람이라면 유튜브 채널이나 인스타그램, 페이스북, 틱톡 등 SNS 계정을 운영해 광고 수입을 얻을 수도 있을 것이다.

조금씩이라도 내 힘으로 수입을 확보하면 자신감이 생기고 누군가에게 의존할 필요가 없어져 인간관계도 편해진다. 경제적 기반을 갖추기 위해 어떤 계획을 수립해야 하는지 꼼꼼히 따져보고 목표를 세우자.

관계에서 제대로 도망치려면?

17 언제든 도망칠 수 있도록 경제적 자립 상태를 유지하자.

18

멀리할 관계와 함께할 사람을
결정하는 차이

누구와 사귈지 어떻게 선택해야 할까? 직감적으로 느낌이
잘 맞는 사람, 당신을 부정하지 않는 사람, 부정적인 말만 하
지 않는 사람을 고르면 된다. 불편하지만 이해타산을 따져
유지하기로 한 관계가 있다고 치자. 결국은 맞지 않는 상대
에게 스트레스를 받고 업무 능력도 저하될 것이다.

그러니 인간관계는 직감으로 선별하는 편이 좋다. 인간관
계를 득실로만 생각하지 말고 '내 성장'이라는 측면에 초점
을 맞춰 사귈 사람을 정하자.

저절로 뭔가를 해주고 싶은 마음이 드는가?

지금 생각하면 매우 부끄러운 일인데, 나는 사회 경험이 전혀 없던 20대 중반 무렵에 무모하게 사업을 시작했다. 영어 공부법을 알려주는 작은 회사였다. 창업 직후에는 마음에 여유가 없어 오직 득실만을 따져 사귈 사람을 정했다. 그결과 심신이 지쳤을 뿐만 아니라 투자 사기를 당해 큰돈을 잃었다.

득실보다는 함께 성장할 수 있는지, 내가 그에게 필요한 것을 제공할 수 있는지의 관점에서 인간관계를 생각해 보자. 특히 '상대방에게서 무엇을 얻을 수 있는가'보다 '내가 어떤 가치를 줄 수 있는가'를 의식하는 것이 중요하다.

만약 여러분이 만난 상대가 자꾸 뭔가를 판매하려 하면 어떨까? 아마 별로 이야기 나누고 싶지 않을 것이다. 반대로 만난 지 얼마 안 됐는데도 친근하게 이야기를 들어주고, 내 일과 관련된 사람을 소개해 주거나 관심 있는 이벤트와 모임에 초대해 주면 어떨까? 알아 온 기간과 관계없이 '멋진 사람이구나' 하고 감격해 그 사람에게 도움이 되고 싶다는 마음이 절로 피어나지 않을까? 이처럼 이상적인 인간관계는 대가를 바라지 않고 상대에게 도움이 되는 일을 한다는 전제를 기반으로 한다.

얼마나 자주 만나고 연락하는가?

인간관계에 우선순위를 매기는 것이 익숙하지 않아 심리적 저항이 있을 수 있지만 그래도 해야 한다. 가족은 별개라 하더라도 다른 사람들에게는 우선순위를 매겨줘야 한다. 아마도 상위권에는 절친한 친구, 친구, 아는 사람 등이 속할 것이다. 이렇게 순서를 정해서 인간관계의 경중을 조절하자.

한 달에 한 번 정도 정기적으로 만나 깊은 이야기를 나누는 사이라면 절친한 친구에 속한다. 참고로 비즈니스 파트너도 중요한 관계이므로 절친한 친구와 동등한 수준으로 대하면 좋겠다.

지금까지 두 번 이상 만났고 서로 연락처를 알고 있으며 정기적으로 연락을 취하는 사이라면 친구다. 직장 동료는 친구는 아니지만 아는 사람보다 한 단계 위의 관계니 알기 쉽게 친구 카테고리에 넣어두자.

현실이나 온라인상에서 한 번쯤 커뮤니케이션한 적이 있다면 아는 사람이다. 명함 교환을 했거나 SNS에서 서로 팔로우한 사이도 아는 사람 카테고리로 분류하면 된다.

관계 정돈이 주는 변화의 기회

인간관계는 변하는 것이 보통이다. 친밀도도 정기적으로 달라진다. 변화하는 세상에서 인간관계가 바뀌는 것은 당연한 일이고, 학창 시절처럼 늘 같은 사람과 친밀하게 지내는 것은 좋지 않다.

사회생활을 시작하면 자연스럽게 인간관계가 달라진다. 참고로 이때 직장 동료 외 인간관계를 맺지 않는 것도 문제라는 점을 알아두면 좋겠다. 그런데 오랫동안 관계에 변화를 주지 않는 사람이 의외로 많다. 모두에게 친절히 대하면서 항상 바쁘게 생활한다. 만약 지금 내 모습이 그렇다면 이번 기회에 주변 인간관계를 진지하게 생각해 보고 관계에 순위를 매겨보자. 내 인생에 정말 중요한 10퍼센트가 누구인지 알아보는 것이다.

소중한 사람에게 내지 못한 시간을 별 볼 일 없는 관계에 많이 할애했다는 것을 발견하는 등 놓치고 있던 많은 것을 깨달을 것이다.

관계에서 제대로 도망치려면?

18 인간관계에 우선순위를 정해두자.

더 이상 미루면 안 되는
마음의 경계선 긋기

사람마다 어떤 상황이나 대상에 따라 도저히 받아들일 수 없는 상태가 되는 지점이 있다. 바로 여기에 경계선을 긋고 상대가 이 선을 넘어오지 못하게 해야 한다. 그런데 많은 사람이 관계에서 명확한 '마음의 경계선'이 없거나 있더라도 잘 긋지 못하는 듯하다.

앞서 관계에 순위를 매기는 것이 중요하다고 말했다. 이번에는 그 과정을 헛되이 만들지 않기 위해 마음의 경계선을 명확히 긋는 방법에 대해 이야기하겠다.

급하면 먼저 연락이 오게 되어 있다

그 첫걸음은 전화나 이메일, 각종 메신저 등으로 받은 모든 문자나 연락에 반드시 회신해야 한다는 생각을 버리는 것이다. 업무 메시지라면 모를까 사적 연락에도 모두 대응하면 마음이 쉴 틈이 사라진다.

모두 회신하지 않아도 된다거나 선별해서 보내자는 마음가짐을 갖자. 정말 중요한 일이라면 회신하지 않아도 반드시 다시 연락이 올 것이다.

전화도 서둘러서 바로 받지 않아도 된다. 인터넷이나 스마트폰이 없던 예전이면 모를까 지금은 이메일이나 각종 메신저 앱으로 연락이 가능하니 위급한 상황이 아니라면 굳이 통화까지 할 필요가 없다.

이메일에 회신해야 할 때도 급한 건 외에는 의식적으로 다음 날 회신하기로 정하는 등 대책을 세워두는 편이 좋다.

다만 친한 친구나 소중한 사람의 연락에는 확인 즉시 회신한다는 식으로 인간관계에 중요도를 나눠 대응하자. 사적이든 공적이든 누구와 사이를 돈독하게 유지하고 싶은지 확실히 구분해 두자는 뜻이다.

싫은 감정보다 불쾌한 이유를 먼저 언급하자

인간관계에 경중을 두자고 했는데, 소중한 10퍼센트를 정하고 그들에게는 정중하게 대하자고 생각하면 실천하기 편하다. 싫은 일을 자꾸 시키는 사람이 있다면 상대에게 내 마음의 경계선을 명확히 전할 필요가 있다. 만약 동료가 사전에 정한 팀 규칙을 회의에서 뒤집었다면 다음 세 가지 방법으로 선을 그을 수 있다.

첫째, 직접적으로 전한다. 싫은 일을 당했다면 어떤 기분이었는지 상대에게 직접적으로 전하자. 이때 주의할 점은 감정이 앞서면 안 된다는 것이다. 냉정하고 명확하게 전달해야 한다. 바로 이런 식으로 말이다.

"지난번에 팀의 방침을 무시하고 회의에서 내린 결정에 대해 저는 매우 불쾌했습니다. 같은 팀이니 서로 양해하며 협력해 나가면 좋겠어요."

둘째, 간접적으로 전한다. 상대에게 자신의 기분을 직접적으로 이야기하지 않고 전하는 방법이다. 이메일이나 메시지 등으로 문제가 되는 사안을 에둘러 말하는 식이다. 이때 기분이 어떻다는 둥 감정의 내용을 언급해서는 안 된다. 예를 들면 이런 식이다.

"지난 회의 때 내린 결정에 대해 좀 더 논의가 필요할 것 같습니다. 같은 팀이니 서로 배려하면서 협력해 나가면 좋겠습니다."

셋째, 제삼자를 개입시킨다. 만약 도저히 첫 번째와 두 번째 방법으로 전할 수 없다면 상사나 동료 등 신뢰할 수 있는 인물을 통해 전하는 방법도 있다. 바로 이렇게 말이다.

"○○○ 씨가 회의에서 팀의 방침과는 다른 결정을 내렸습니다. 들어보시고 문제가 있다면 △△△ 씨(상사)가 대신 이야기해 줄 수 없으실까요?"

배려심이 깊은 사람은 타인이 마음의 경계선을 넘어오는 감각이 뭔지 모르는 경우가 많다. 상대가 경계를 자꾸 침범

해도 계속 참기만 한다. 간단히 말해 싫은 일을 당해도 제대로 선을 긋지 못해 결과적으로 피곤한 인간관계만 늘리고 있다는 뜻이다.

이를 위해서는 입장을 명확히 정하는 것이 매우 중요하다. 즉 호불호를 분명히 표현해야 한다. 상대에게 내 진심을 똑바로 이야기할 용기가 필요하다는 의미다. 지금껏 타인에게 지나치게 맞춰주지 않았는지 진지하게 생각해 보자.

스스로에게 거짓말을 하면서까지 마지못해 사귀는 관계는 그만두는 편이 좋다. 다른 이유는 차치하고 당신이 계속 피곤해질 뿐이다. 물론 초면부터 속마음을 모두 드러낼 필요는 없다. 상대방이 내가 가능한 한 있는 그대로의 모습으로 대할 수 있는 사람인지 먼저 잘 살펴야 한다.

관계에서 제대로 도망치려면?

19 마음의 경계선을 배려해 주지 않는 사람과는 가까이 지내지 말자.

누구나 할 수 있는
현실적인 거리 두기 방법

관계를 오래 맺을수록 도망치기 어려워지는 것도 사실이다. 평생 연인이 생기지 않을지도 모른다는 불안감이나 혼자가 될지도 모른다는 두려움 때문에 폭력을 일삼는 연인과 헤어지는 것을 주저하기도 한다.

오랜 관계라면 상대가 폭력적인 모습을 보여도 도망치기 쉽지 않다. 하지만 잘 생각해 보자. 폭력적인 성향을 사귀기 전에 알았다면 애초에 만나지도 않았을 것이다. 언제부터 폭력적이었는지는 중요하지 않다. 상대가 폭력적이라는 사실은 달라지지 않는다. 세상에는 당신을 소중하게 대해줄 사람이 얼마든지 많다.

눈에 보이지 않으면 마음도 멀어진다

소꿉친구와 일 년에 한 번 정도 만나는데, 만날 때마다 역시 그 정도면 충분하다는 것을 실감한다. 물론 오랜 친구라 서로의 가치관을 부정하지 않고 조언을 하지도 않는다. 서로의 다름을 인정하는 사이다. 그 친구는 다른 소꿉친구들과도 자주 모이는 듯한데 나는 참석하지 않는다.

가끔 그 친구들의 소식이 궁금한 날이면 SNS 앱을 삭제하고 일주일 정도 디지털 단식을 한다. 그러고 나면 놀랍게도 왜 그렇게 다른 사람에게 신경을 많이 썼을까 싶을 정도로 마음이 차분해진다. 마음의 안정을 되찾고 괜한 궁금증이 사라지면 다시 SNS 앱을 설치하면 된다.

이렇게 극단적인 방법을 사용할 필요가 있을까 싶기도 하겠지만, 어쨌든 내 경우 이렇게 하면 그 사람들의 존재를 잠

시나마 잊을 수 있다. 인간은 무의식적으로 스스로를 타인과 비교한다. 나 역시 마찬가지다. 질투심이나 열등감이 생겨 '나는 왜 이 모양이지?' 하며 자신감을 잃는 일이 비일비재하다. SNS는 이미 우리의 일상 속 깊숙한 곳까지 침투했다. 온라인상일지라도 상대의 정보를 자주 접하다 보면 궁금해지기 마련이다. 친밀할 필요가 없는 인물의 정보까지 강제로 봐야 하는 환경을 바꾸면 그나마 신경이 덜 쓰인다.

스마트폰과는 수시로 이별을

바야흐로 스마트폰으로 못 하는 것이 없는 시대다. 신용카드 결제는 물론 집안의 전등을 켜고 끄는 것까지 가능하니 그야말로 현대사회에 없어서는 안 될 필수품이라 할 수 있겠다. 하지만 과유불급이라 했던가? 온종일 스마트폰과 함께하다 보니 많은 부작용이 생겼다. 대표적으로 어느 것 하나에 오래 집중하지 못하는 주의력 산만 현상을 들 수 있다. 최근에는 짧은 영상을 보고 곧바로 즐거움이라는 보상을 얻는 것에 익숙해지면서 도파민 중독에서 벗어나야 한다는 목소리도 높아졌다.

그래서인지 주변의 많은 디지털 기기에서 벗어나는 활동, 디지털 디톡스를 해보자는 말도 자주 들린다. 구체적으로는 일주일 동안 스마트폰을 보지 않거나 SNS 접속 시간을 하루 1시간으로 제한하는 등의 조치를 말한다. 앞서 내가 친구들의 소식을 의도적으로 차단한 것도 디지털 디톡스의 일종이다. 혹시 여러분도 아침에 일어나서 무의식적으로 SNS부터 체크하지 않는가? 이동 중에도 자기 직전에도 틈만 나면 들여다보는 스마트폰 중독자가 아닌가?

스웨덴의 정신과의사 안데르스 한센은 어느 날 책에 집중하지 못하고 무의식적으로 스마트폰을 만지는 자신의 모습에 충격을 받고 이 문제에 관한 뇌과학적 연구를 시작했다고 한다. 이 내용을 다룬 《인스타 브레인SKÄRMHJÄRNAN》은 전 세계적 베스트셀러가 됐다. 관련 문제로 고민하는 현대인이 그만큼 많다는 방증이 아닐까 싶다.

실제로 주변에 집중력 저하로 고민하는 사람이 굉장히 많다. 홀로 뒤처지지 않을까 하는 두려움에 하루에도 수십 번씩 SNS를 들여다보는 스마트폰 의존사도 현저히 늘었다. 나도 다르지 않기에 '스마트폰은 헬스장이나 사우나에 갈 때는 가지고 가지 않는다' '아침 10시까지는 스마트폰을 보지 않는다' 'SNS는 점심시간이나 휴식 시간 15분간만 확인한다' 등의 규칙을 세워 디지털 디톡스를 실천하고 있다.

초연결사회인 만큼 인간관계로 고민하는 사람이 늘어났고 또 늘어나고 있다. 우리는 의도적으로 정보와 거리를 둘 필요가 있다. 일단 스마트폰 거리 두기를 실천해 보자. 그렇지 않으면 우리와 무관한 SNS 속 사람들의 모습에 마음을 사로잡혀 감정이 휘둘린다. 아예 보지 말아야 한다. 타인에게 나쁜 영향을 받지 않기 위해서라도 디지털 디톡스를 꼭 시도해 보기 바란다.

관계에서 제대로 도망치려면?

20 오히려 연결 거부가 나를 위한 일이다. 타인의 소식과 거리를 두자.

싫은 권유를
슬기롭게 거절하려면?

거리 두기 방법으로 SNS 단기간 삭제하기와 문자에 회신하지 않기, 연락 횟수 줄이기 등을 제안했는데 이는 직접 얼굴을 마주할 때의 대처법이 아니라는 한계가 있다. 만나서 의사소통을 할 때 거리를 두려면 어떻게 해야 할까?

매우 간단하다. 적당한 이유를 만들어 거절하면 된다. 집안에 큰일이 있다거나 누가 아프다는 등 어떤 핑계를 대야 할지 고민하지 않아도 된다. 볼일이 있다거나 다른 약속이 있다고 말하는 등 예의에 어긋나지 않는 수준에서 적절히 거절하자. 물론 처음에는 거부 의사를 전하기가 어려울 수 있지만 익숙해지면 심적 부담 없이 말할 수 있을 것이다.

거창한 이유가 아니어도 된다

거절을 하면 출세에 지장이 생긴다거나 따돌림을 당한다거나 동료와의 유대감이 떨어진다고 생각하는 사람이 있다. 세상이 많이 바뀌었다지만 아직은 술자리나 식사 참석을 거절하면 사회성이 없다거나 사귀기 어렵다는 등의 평가를 받기도 한다.

하지만 탐탁지 않은 술자리에 억지로 가서 참고 앉아 있을 필요는 없다. 주변에서 여러분을 사귀기 어려운 사람으로 여기더라도 그들이 어떻게 생각하든 신경 쓰지 말자. 남의 생각을 신경 쓰느라 예민해지는 것보다 내가 기분 좋아지는 시간을 보내는 것이 인생을 더 잘 사는 비결이다.

거절하는 구체적인 방법은 이렇다. 지금까지 한 달에 네 번 정도 내키지 않는 회식 참석을 권유받았다면 세 번이나 두 번만 참가하는 횟수를 줄여보자.

거절하는 이유도 머리 아프게 고민할 필요 없다. '오늘은 집안 행사가 있어요' '선약이 있어요' 등 간단한 핑계면 족하다. 무엇보다 자신과의 약속을 우선시하는 용기를 가지고 한 걸음 내딛는 것이 중요하다.

인내하면 인생만 나빠질 뿐

처음에는 차가워졌다는 둥 변했다는 둥 자기 편할 때만 온다는 둥 이런저런 말을 들을지도 모른다. 이런 평가가 두려워 행동에 옮기기를 꺼리는 사람도 많지만 두 눈 질끈 감고 자기중심적 인간이 되어보자. 용기 내서 타인보다 자기 자신을 먼저 생각하는 사람이 되는 것이다.

나를 억누르고 싫은 것을 참고 견디면서까지 상대에게 맞출 필요는 없다. 처음에는 어색해서 안절부절못하거나 불안할 수도 있지만 나를 우선시할 때 느껴지는 기분 좋은 감정에 서서히 익숙해질 것이다. 본래 인간은 즐거움을 추구하는 동물이라 스트레스와 인내로 얼룩진 삶을 원하지 않는다. 내 기분을 희생하거나 참아서 생기는 스트레스로 몸과 정신을 해치지 않도록 하자.

관계에서 제대로 도망치려면?

21   스트레스를 쌓지 말자. 내 기분이 중요하다.

불편한 사람이 먼저 떠나는
이미지 메이킹의 힘

사이 좋지 않은 인물이 초대하는 모임이나 내키지 않는 자리를 즐길 수 있는 사람이 몇이나 될까? 아마 거의 없지 않을까? 오히려 괜한 의무감과 주변 시선 때문에 참석했다가 소화불량에 걸리는 경우가 대부분이다.

초대를 거절하면 나중에 싫은 소리를 들을 수도 있다. 하지만 그런 수준의 관계라면 부담감을 내려놓자. 참석하지 않는 편이 내 위장과 정신 건강은 물론 상대를 위해서 좋을지도 모른다.

할까 말까 할 때는 말아도 괜찮다

별로 친하지 않은 직장 동료에게 청첩장을 받았다고 가정해 보자. 사실은 그 결혼식에 가고 싶지 않을 것이다. 사적 친밀감이 전혀 없는데 참석하는 게 의미가 있을까 하는 생각이 드는 한편 축의금을 얼마나 내야 할지 고민하는 상황 자체에 스트레스를 받을 수도 있다. 그래도 일 관련 사람이니 가야 하지 않을까 하는 마음이 불쑥 고개를 들고, 거절하면 어색해질지도 모른다는 두려움에 결국 참석을 선택하는 경우가 많다.

이제 명심하자. 초대받은 자리에 참석하지 않았을 때 주최자와 어색해질 정도라면 앞으로도 좀처럼 친밀해지기 어려운 사이니, 이번 기회에 관계에서 도망치는 것도 방법이다. 이런 일로 서먹해지는 사람은 앞으로도 무슨 일이 생기면 어색해질 것이 뻔하다.

정말 친한 사이에 만사를 제쳐두고라도 달려가는 사람으로 남는다면 그걸로 충분하다. 정말로 친한 상대란 속마음도 나누고, 짓궂은 농담을 주고받아도 편하고, 진심으로 그가 잘됐으면 하는 마음에 응원해 주고 싶은 사람이다. 그런 존재에게는 정성을 다해 대하자.

진짜 내 이미지를 알리면 좋은 사람만 남는다

지금까지 싫은 사람과의 관계를 청산하고 정리하는 방법을 이야기했다면 이제 인간관계에서 도망치는 것보다 더 쉽게 좋은 인간관계를 만드는 법을 소개하겠다. 바로 '싫은 사람에게 이용당하지 않는 캐릭터 만들기'다.

사회생활에서는 이미지 연출, 이른바 이미지 메이킹이 매우 중요하다. 겉보기에만 그럴듯하게 외모를 꾸미고 남들이 볼 때만 예의와 매너를 갖추면 될까? 아니다. 이미지 메이킹에서 중요한 것은 다른 사람들에게 보여줄 모습이 나의 진정한 실제 자아여야 한다는 점이다.

의식적으로 자신이 원하는 캐릭터를 만들자. 닮고 싶은 롤 모델을 선정해 참고해도 좋다. 그런 다음 현실과 온라인

공간 모두에서 내 캐릭터를 적극적으로 알리자.

예를 들어 SNS에 운동 관련 콘텐츠를 지속해서 게시하면 유흥과 고칼로리 음식을 즐기는 이들은 자연스럽게 거리를 둘 것이다. 가치관이 비슷한 친구를 늘리고 싶다면 좋아하는 취미나 즐기는 음식 정보를 올려보자. 취향이 비슷한 이들이 팔로우 버튼을 누를 것이다. 예를 들어 고양이나 강아지 사진을 많이 올리면 반려동물을 기르는 사람들이 내 게시글을 좋아할 것이고, 책을 읽고 서평이나 느낀 점을 올리면 독서가 따분하다고 생각하는 이들은 자연히 팔로우를 끊을 것이다.

더 나아가 비슷한 범주 내에서 더 나와 맞는 사람을 찾을 수도 있다. 만약 여러분이 음악, 그중에서도 대중음악을 좋아해 관련 콘텐츠를 올린다면 클래식이나 헤비메탈보다 팝송이나 아이돌 음악을 좋아하는 이들이 당신의 계정을 관심 있게 지켜볼 것이다.

내게 가치 있는 사람을 찾을 때도 이런 이미지를 활용할 수 있다. 부정적이거나 비판적인 캐릭터라면 편향된 성격과 가치관의 소유자일 가능성이 높으니 배제하고 호감이 드는 캐릭터를 가진 사람에게 다가가자. 이를 꾸준히 실천하다 보면 반드시 좋은 인간관계를 구축할 수 있을 것이다.

관계에서 제대로 도망치려면?

22 이미지 메이킹으로 새로운 인간관계를 구축하자.

4장

이런 사람이
주변에 있다면
도망쳐도 좋다

위험한 사람이 나타나면
떠올려야 할 생각들

지금까지 인간관계에서 도망쳐야 하는 이유와 도망치는 법에 관해 충분히 설명했다. 이제 우리를 망치는 사람들, 즉 지금 곁에 있다면 당장 멀어져야 하는 이들의 유형과 구체적인 모습을 짚어보겠다.

의외로 주변에 피해야 할 사람이 많아 당황할 수도 있다. 만약 그렇더라도 인간관계를 잘못 맺어왔다며 자책하기보다 지금부터라도 이를 참고해 나에게 진정으로 소중한 사람과 그렇지 않은 사람을 잘 알아보기 바란다.

공격과 불평은 "그렇군요"로 흘려보낼 것

가장 먼저 악영향을 주는 사람과 공격성이 강한 사람에게 서는 반드시 도망쳐야 한다. 특히 정신적으로 불안정한 사람은 주의해야 한다. 직장 상사나 부하, 고객에 한정된 이야기가 아니다. 가족이라도 폭언이나 폭력을 일삼는 사람은 가능한 한 빨리 거리를 둬야 한다.

이런 부류는 사소한 일을 꼬투리 잡아 물어뜯기 때문에 매우 위험하다. 만약 공격받더라도 정면으로 대응하지 말고 그냥 흘려버리는 편이 좋다. 토론은커녕 마주하는 것도 삼가자. 절대 상대해 주면 안 된다. 어쩔 수 없이 상대해야 한다면 '그렇게 생각할 수도 있겠군요'라는 식으로 두루뭉술하게 대꾸하고 자리를 뜨자. 심지가 굳고 정신력이 강한 사람이라면 그들에게 공격받아도 무시할 수 있겠지만 그렇지 못한 경우가 더 많다. 흘려버리는 자세를 취하면 공격적인 사람에게서 대부분 벗어날 수 있다.

또 매사에 남 탓을 하거나 불평불만을 늘어놓는 사람도

피해야 한다. 이들은 얼핏 스스로 행복해지기를 거부하는 것처럼 보인다. 애초에 이런 사람과는 사귈 이유가 없고 이들 때문에 마음 아파할 필요도 없다.

심한 말을 하면 안 보는 게 상책

우리의 기분을 상하게 하는 사람에게서도 꼭 도망쳐야 한다. 만나기만 하면 의도치 않게 다투는 사람이나 가치관이 맞지 않는 사람과 장시간 함께 있으면 심신이 피곤해진다. 예를 들어 이런 말로 여러분의 기분을 망치고 의욕을 꺾는 말을 일삼는 이들과의 관계에 너무 집착할 필요 없다.

"너는 그래서 안 돼!"

"쟤는 하는데 너는 왜 못해?"

문제는 부모님이나 배우자 등 가족이 심한 말을 하는 경우인데, 아무리 사랑하는 가족이라도 거리를 둬야 한다. '너는 한심한 인간'이라는 말을 계속 듣고 있으면 정말 한심해지고 만다. 정신력이 어지간히 강하지 않고서야 비하 발언을 반복적으로 들으면 자기도 모르는 사이에 세뇌당해 뜻대로 행동하기 어려워진다. 그 결과 뭔가를 시작해도 실패한지도 모른다는 걱정에 제 능력을 발휘할 수 없게 되는데, 실로 안타까운 일이 아닐 수 없다. 비록 가족이라도 당신의 의욕을 꺾는 사람과는 적당한 거리감을 유지하자.

관계에서 제대로 도망치려면?

23 피곤하게 하고 정신적으로 괴롭히는 사람은 특히 주의하자.

지금의 관계는
인생의 전부가 아니다

'오늘은 뭘 먹지?' 우리가 일상에서 가장 자주 하는 생각이 아닐까 싶다. 만약 점심 식사 메뉴로 김밥과 비빔밥 중 하나를 택해야 한다면 무엇을 고르겠는가? 보통은 자신이 끌리는 쪽, 즉 취향에 따라 선택할 것이다.

취향은 어떻게 만들어질까? 살면서 다양한 경험을 겪으며 좋아하는 것과 싫어하는 것이 분명해졌을 것이다. 달리 말하자면 현재 우리의 선호도와 선택에 있어 성장환경의 영향을 무시하기 어렵다는 뜻이다.

부모가 커피보다 홍차를 좋아하면 자녀도 커피보다 홍차를 선호하는 경향이 높다. 오랜 기간 같은 지역에서 함께 어울린 친구나 초중고 시절을 같이한 친구를 나에게 가치 있는 존재로 착각하는 경우가 많다. 이들은 분명 추억을 공유했다는 친밀감이 있는 사이다. 하지만 정말 소중한지 아닌지를 판단하려면 관계에서 가장 중요한 요소인 가치관을 얼마나 공유하고 있는지를 따져봐야 한다. 단적으로 말해 연인도 상대방의 정신적 불안정에 휘둘리기 쉬우며, 개중에는 심지어 이를 빌미로 속박과 지배를 강요하는 이도 있기 때문이다.

아는 사람이 더 무서운 이유

우리는 부모가 자녀를 폭행하고 죽이거나 자식이 돈 때문에 부모님을 살해하는 사건 또는 데이트 폭력과 가족 간 성범죄를 다룬 기사를 어렵지 않게 접할 수 있다.

생판 남보다는 오히려 부모와 자식, 친구와 연인, 부부 등 가까운 관계에서 다툼이 생기기 쉽다. 가족이란 좀처럼 서로에게서 도망칠 수 없는 커뮤니티다. 심지어 마주하는 시간도 많아 지속적으로 영향을 받을 수밖에 없는 사이다. 그들로부터 한 발짝 내딛기가 쉽지 않은 것도 당연하다. 하지만 나는 아무리 부모와 자식, 친구, 연인, 부부여도 내 성장을 방해하거나 하고 싶은 일을 막는다면 거리를 둬도 괜찮다고 생각한다.

인간관계가 그리 넓지 않다면 '나중에 이 사람들이 없어지면 나는 외톨이가 될 텐데?'라는 생각이 앞설 것이다. 걱정할 필요 없다. 세상은 넓고 나를 좋아해 줄 사람은 얼마든지 있다. 취미나 스포츠 등의 관심사가 비슷한 커뮤니티에 들어가 새로운 친구를 만드는 것은 나이가 들어도 언제든 가능하다.

남의 일에 너무 관심이 많은 사람들

관계를 맺을 때는 누구와 함께하는지와 어떤 이의 생각

을 받아들이는지가 중요하다. 일본 사회에는 '상호 감시'라는 특수한 분위기가 있다. 서로에 대해 이러쿵저러쿵 이야기하며 감시한다. 과거에는 남에게 관심이 많고 들여다보는 풍조가 이웃에게 어려운 일이 있으면 도움을 주고받는 등 긍정적으로 작용했다. 하지만 세월이 흘러 그런 순기능을 찾아보기 힘든 시대가 됐다.

여전히 우리는 관습이나 법, 규칙에 따르라는 간접적·직접적 강요를 받는다. 그런데 지금은 이를 지킨다 해도 우리가 속한 사회나 집단에서 반드시 안전하게 지낼 수 있다는 확실한 보장을 받을 수 없다. 잘못이나 범죄를 저지른 가해자보다 피해자에게 스포트라이트가 집중돼 오히려 피해자가 가해자보다 괴로워하고 사람들을 무서워하게 되는 현상, 즉 2차 가해가 이뤄지는 경우를 종종 목격했을 것이다.

온라인에서도 상호 감시를 느낄 수 있다. 이제 사람들이 내 행동을 항상 볼 수 있다. 인터넷과 SNS가 널리 보급되면서 감시에서 벗어나기가 더욱 어려워진 것이다. 더 나아가 얼굴도 모르는 타인들이 내가 돌출 행동을 하지 않도록 간섭한다. 자기 기준에 맞지 않은 행동을 하면 게시물 댓글로 훈수를 두거나 악플을 달기도 한다.

언젠가 고등학교 교사인 지인이 전에 비해 정신적으로 불안정한 학생이 많아졌다는 이야기를 들려준 적이 있다. 요즘에는 학급 온라인 채팅방에서 따돌림당하면 실제 학교 친구들 모임이나 학급 행사에 아예 초대받지 못한다고 한다. 정말 안타까운 일이다.

학생들도 이 정도니 어른들의 세계에서는 더욱 가혹하지 않을까? 인간관계로 마음의 병을 앓는 사람이 늘어나는 것이 전혀 이상하지 않은 사회다.

나를 좋아해 줄 사람은 반드시 존재한다

먼저 여러분이 세계는 넓다는 사실을 꼭 알면 좋겠다. 정신적으로 궁지에 몰릴 정도로 힘들다면 그냥 도망치자. 학생이라면 전학을 가는 것도 방법이다. 어른이라면 다른 커뮤니티를 찾아보자. 채팅방에서 따돌림을 당하든 무시를 당하든 그곳을 벗어나면 별일이 아닐 수 있다.

괴롭힘을 당하면 죽고 싶을 만큼 힘들다. 나 역시 그랬다. 그래도 남은 용기를 쥐어짜 부모님이나 신뢰할 수 있는 친구, 학교 선생님이나 온라인 커뮤니티 등에 상담을 요청하자. 분명 당신에게 손을 뻗어줄 사람이 나타난다.

전학을 갈 수 없는 상황이라면 굳이 학교에 나가지 않아도 된다. 정말 공부가 하고 싶다면 검정고시를 쳐도 되고, 원격교육을 제공하는 방송통신대학에 진학하면 된다. 지금 나에게 고통을 주는 학교는 세상의 전부가 아니다. 절대 그럴 수가 없다.

학교를 중퇴하면 사회에 나왔을 때 불이익이 있을지도 모른다는 생각이 들 것이다. 하지만 의외로 눈앞에 주어진 선택지는 다양하다. 학교를 중퇴하거나 대학에 가지 않은 사람은 상당히 많다. 한 회사에 입사해 직장 생활을 시작해도 좋지만 프리랜서가 되는 것도 한 방법이다. 최근에는 작가, 디자이너, 웹 개발자, 엔지니어 등의 직종에서도 프리랜서로 일하는 사람이 많고 앞으로 더 늘어날 전망이다. 더 이상

학력으로 사람을 평가하고 일을 주는 세상이 아니라는 뜻이다.

그러니 학교에 다니지 않았다고 자책하거나 주눅들 필요 없다. 일어나지도 않은 나중의 일을 고민하기보다 힘든 현재를 생각하자. 지금의 인간관계가 껄끄럽다면 다른 세계로 옮기는 편이 절대적으로 좋다. 당신에게 남들과 공유하고 소통할 수 있는 생각이나 취향, 관심사가 하나라도 있다면 이와 비슷한 가치관으로 묶인 새로운 커뮤니티는 당신을 환영해 줄 것이다.

이때 한 모임에 나가서 잘되지 않았더라도 신경 쓸 필요 없다. 수많은 새로운 커뮤니티가 당신의 참여를 항상 기다리고 있으니 말이다. 커뮤니티는 가치관을 공유할 동료를 한 명이라도 더 늘리고 싶어 한다.

관계에서 제대로 도망치려면?

24 감시 사회에서 탈출해 새로운 커뮤니티를 찾자.

지금 당장 도망쳐야 할 관계 1

부정적인 말로 의욕을 꺾어요

늘 어떤 일을 멋대로 단정짓거나 옳지 않다고 반대하는 사람은 언제든 비판과 불평을 늘어놓을 가능성이 크니 멀어져야 한다. 부정적인 사람은 부정적인 사람을 부르고 긍정적인 사람은 긍정적인 사람을 부른다. 평소 긍정적인 말과 행동을 하면 애초에 그런 사람은 다가오지 못한다.

혹시 주변에 습관적으로 부정적인 말을 내뱉고 불만을 토로하는 이들만 꼬여서 고민인 사람이 있는가? 그렇다면 스스로의 평소 언행이 부정적이지 않은지 생각해 봐야 한다.

단점을 부각하는 사람

사람은 아무리 의지가 강해도 별수 없이 환경과 말에 지배당한다. 누구나 휘둘릴 수 있으니 주의하자. 특히 이렇게 말하며 당신의 부족한 부분만 강조하고 의욕을 떨어뜨리는 인물과는 사귀지 말아야 한다.

"당신의 이런 점은 좀 문제라고 생각합니다."

"현실적으로 불가능해요."

또 "일반적으로는 ○○입니다만…" 하고 매사 일반화해서 내가 틀렸다는 듯 딴죽 거는 사람도 주의해야 한다. 이런 말을 하는 사람은 여러분이 뭔가 새로운 시도를 할 때 반드시 발목을 잡는다.

자기 신념을 강요하는 사람

어떤 일에서든 자신의 신념을 앞세우는 인물과도 가깝게 지내지 않는 편이 좋다. 이런 사람은 세상의 모든 일을 옳거나 그르다고 판단하기 때문에 자신이 조금이라도 나쁘다고 생각하는 일은 격하게 반대한다. 신기하게도 그런 사람일수록 말과 행동의 일관성을 점차 잃어버리는 경우가 많다.

애초에 세상에는 흑백 논리로 나눌 수 없는 불분명한 일이 수시로 벌어진다. 정답이 없는 문제도 많다. 답은 각자 나름대로 찾는 것이다. 옳은 것이 반드시 정답이라는 법도 없다. 물론 범법행위를 한다면 논외지만 일상적인 대화나 토론에서 자기 생각만이 올바르다고 고집하는 사람일수록 변화를 거부해 점차 더딘 성장을 보여줄 가능성이 높다.

관계에서 제대로 도망치려면?

25 자기 의견이 무조건 옳다는 사람을 보면 도망쳐도 괜찮다.

26

지금 당장 도망쳐야 할 관계 2

자기만 알고 내 시간을 뺏어요

마찬가지로 자기 이야기만 하는 유형도 피하는 편이 좋다. 사람은 누구나 상대방이 자신의 이야기를 들어주기 바란다. 하지만 다른 사람의 이야기를 듣지 않고 자기가 할 말만 하는 사람과 시간을 보내면 이야기를 듣다 지치고 만다. 서로의 가치를 존중하고 발전시킨다는 의식이 없고 상대방의 성장 따위는 안중에 없기 때문이다. 그저 '나만 좋으면 되지'라고 생각하는 경우가 대부분이다.

시간 도둑 또는 드림 킬러

그들을 이렇게 불러도 좋겠다. 시간 도둑은 우리 시간을 빼앗고 성장을 가로막는다. 드림 킬러는 이름 그대로 꿈을 향한 여정을 방해한다. 이들은 성장한 우리를 원래 상태로 되돌리려고 하거나 성장 자체를 부정한다. 백해무익하다는 뜻이다. 무엇보다 우리 마음을 지배하기도 하니 주의하자.

이들은 자기 의견을 주입하려 들기 때문에 매사 부정적인 태도만 취한다. 본인 이야기를 들어주기만 바라고 자신밖에 모른다. 이렇게 뭔가를 빼앗을 생각만 하는 사람과 관계를 완전히 끊지 않으면 우리 인생이 돌이킬 수 없는 나락에 빠질 수도 있다.

지금 생각하면 창피하지만 나도 시간 도둑이자 드림 킬러였던 적이 있다. 특히 창업 1년 차 때는 경쟁자들이 언제 나를 제칠지 모른다는 두려움에 오로지 매출과 이익, 내 일만 살폈다. 그렇게 한 해를 보낸 결과는 실망스러웠다. 목표 달성은 소원하기만 했고 이대로는 곤란하겠다는 생각이 들었다. 당시에는 나와 관계를 맺고 싶어 하는 사람이 없었다.

2년 차에 접어들며 내 성장을 위해서라도 타인을 배려하자는 마인드를 장착했다. 특히 기업가나 경영자 친목회에 참석할 때면 무엇보다 배려심을 소중히 생각했다. 그러자 함께 성장하고 싶다며 다가오는 동료가 생겼고 기꺼이 협력해 주겠다는 이들과도 관계를 맺을 수 있었다.

당연히 비즈니스도 잘 풀렸다. 누군가를 돕겠다고 생각하니 함께 성장하고 서로 협력할 동료들, 꿈과 가치를 공유할 수 있는 이들과 인연이 생기기 시작했다. 이런 선순환을 경험한 뒤로는 나를 성장시켜 주는 사람에게는 적극적으로 다가갔다.

불평하기보다 움직이자

"당신은 나무가 아니에요. 뿌리가 있는 게 아니니까요."

미국 격언이다. 풀이하면 '우리는 나무가 아니니 걷자. 지금 있는 곳이 싫으면 다른 곳으로 가보자. 그리고 거기서 적극적으로 소통하자'라는 뜻이다. 인간관계에 불평만 하는 사람에게 도움이 되는 교훈이기도 하다. 불평해서 상황이 개선되는 경우는 거의 없다. 어떤 사람이 더 싫어질 뿐이고 그럴수록 스트레스만 심해진다.

인간관계로 인생이 바뀐다는 말은 사실이다. 물론 누군가와의 관계가 늘 좋기만 할 수는 없어서 손해를 보는 경우도 있다. 하지만 서로를 존중해 주고 도움이 되는 인연을 맺어 성공을 거둔 사람도 무수히 많다.

자기실현을 이루는 첫 단계는 지금의 관계에서 벗어날 수 없다는 생각에서 도망치는 것이다. 한 걸음 내디뎌 불평보다 성장을 말하고 이룰 수 있는 관계를 맺자. 다시 한번 강조하건대 지금의 인간관계가 전부는 아니다. 전부일 수가 없다. 현재의 인연에 매몰돼 내일을 포기하지 말자.

관계에서 제대로 도망치려면?

26 서로 주고받으며 성장할 수 없는 인물과는 관계 맺지 말자.

27

지금 당장 도망쳐야 할 관계 3

같이 있으면 기운이 빠져요

사람의 유형을 단순하게 분류하면 주는 사람과 빼앗는 사람으로 나눌 수 있다. 뭔가를 주는 사람은 가까이해야 한다. 나는 이들을 기버$_{giver}$라고 부르는데, 우리는 이런 성향의 사람과 사귀어야 한다. 서로 도움이 되는 것을 주고받고 상호작용하며 함께 성장할 수 있기 때문이다.

반대로 뭔가를 빼앗아 가는 사람은 인생에서도 빼버리는 편이 낫다. 이들은 크게 두 가지 유형으로 나뉘는데, 각각 테이커$_{taker}$와 뱀파이어$_{vampire}$라고 부르겠다.

빼앗는 사람의 두 가지 유형

먼저 테이커는 '시간과 가능성을 빼앗는 사람'으로 우리를 자신과 대등하게 대하는 것처럼 보여도 자기만을 생각한다. 불행히도 이 타입이 우리 관계의 대부분을 차지한다. 앞서 언급한 시간 도둑이나 드림 킬러도 여기에 해당한다. 나중에 다시 설명하겠지만 테이커와는 사귀지 말아야 한다.

다음으로 뱀파이어는 '에너지와 돈을 빼앗는 사람'이다. 가장 주의해야 할 부류다. 함께 있으면 기운을 빼앗겨 지치고 만다. 테이커는 시간과 가능성을 빼앗을 뿐이지만 뱀파이어는 모든 것을 빨아 마신다. 구체적으로는 부정적인 아우라를 풍기는 사람들이다. 자신이 얼마나 불행한지를 강조하고 온갖 핑계를 대며 할 수 없는 이유를 늘어놓는다.

다행스럽게도 우리 주변에 뱀파이어는 그리 많지 않다. 가장 흔한 유형은 테이커다. 이제 테이커가 어떤 성향인지, 어떻게 대응해야 하는지를 중심으로 설명하겠다.

먼저 비판이나 욕설, 푸념이나 부정적인 말을 자주 하는 사람은 테이커일 가능성이 높으므로 절대 깊은 관계를 맺으면 안 된다. 거듭 말했다시피 지금의 인간관계가 전부는 아니다. 오래 알고 지내던 사이라도 테이커라는 것을 인지했다면 과감히 인연을 끊고 도망치자.

그래도 괜찮다. 지금 손에 쥔 연결고리를 꼭 소중히 여기지 않아도 된다. 껄끄러운 커뮤니티에 굳이 목맬 필요 없다. 테이커가 다가오면 반응하지 말고 그냥 흘려보내는 편이 좋다. 그리고 거리를 두자. 싫은 소리를 하면 발끈하면서 상대하지 말고 못 들은 척하자.

성장 욕구를 주는 사람을 만날 것

관계를 맺을 때는 내가 성장할 수 있는지 여부가 무엇보다 중요하다. 이때 한 가지 염두에 둬야 할 점이 있다. 바로 사람이란 좋게 변화할 때도 부정적으로 변화할 때도 위화감을 느낀다는 것이다.

누구에게나 저마다 기분 좋다고 느끼는 영역이 있고 거기서 벗어나는 상황이 벌어지면 불편해한다. 일정하게 유지되던 현상에 변화가 생기면 어색함을 느낀다. 미끄러질 때는 물론 성장할 때도 마찬가지다. 간단한 예를 들어보겠다. 어떤 사람의 연봉이 5,000만 원이라고 하자. 연봉이 갑자기 2억 원으로 오른다면 어색해하거나 얼떨떨해할 것이다. 반대로 연봉이 3,000만 원으로 떨어진다면? 불편함과 분노를 느낄 것이다.

상승 변화에서 오는 위화감인지 하강 변화에서 비롯한 위화감인지를 판별하는 것이 중요하다. 상향할 때는 가치관이 맞는 커뮤니티와 접촉을 확대해 그 모임의 사고에 익숙해져야 한다. 하향하고 있다면 현재 환경을 바꿀 필요가 있다.

인간은 좋든 싫든 환경에 영향을 받는다. 따라서 우리 인생의 대부분은 어떤 집단에 속하느냐에 따라 달라진다. 누구와 사귀느냐가 정말 중요하게 작용한다는 뜻이다. 우리는 '나도 이 사람처럼 되고 싶어!' '이 사람이 할 수 있다면 나도 할 수 있지 않을까?'라는 생각이 들게 만드는, 한마디로 자기 계발 욕구에 지속적으로 자극을 주는 인물이 많은 집단에 속해야 한다. 이를 위해 인간관계에서 지나친 눈치나 인내는 자신을 궁지로 모는 일이라는 것을 잊지 말자. 인생은 단 한 번뿐이다. 무엇을 하든 내 기분을 최우선으로 삼자.

관계에서 제대로 도망치려면?

27   기분이 좋아지는 인간관계를 찾자.

28

빼앗는 사람과 거리 두는
가장 확실한 방법은?

누군가가 나를 싫어한다는 말을 듣고 즐거워할 사람은 거의 없지 않을까? 상대의 감정에 쉽게 공감해 주는 성격이라면 더욱 그럴 것이다.

테이커와 거리 두기 시작하면 '이 녀석이 나를 우습게 아네?'라고 생각한 그들에게 미움을 받기도 한다. 이때 주의할 점은 타인의 미움을 감당하는 것이 힘들다고 다시 거리를 좁히겠다는 판단을 내리면 안 된다는 것이다. 만약 그런 생각이 든다면 왜 그 사람과 거리 두기 시작했는지 다시 떠올려 보자. 이제까지 힘들었기 때문이 아닌가? 다시 가까워지면 그 이상으로 힘들어질 것이 불 보듯 뻔하다.

테이커의 미움은 예측할 수 없다

안타깝게도 이는 우리가 통제할 수 있는 영역이 아니다. 상대가 내 마음을 어떻게 받아들일지는 그의 생각에 달려 있기 때문이다.

극단적인 예시이기는 하지만 여러분이 만나기만 하면 싸우는 두 사람과 동시에 관계를 맺고 있다고 가정해 보자. 다툼이 시작되면 여러분은 중재를 위해 어느 한쪽 또는 둘 다에게 타이를 것이다. 그런데 테이커 성향의 사람이라면 저쪽이 잘못했는데 왜 자신을 말리냐는 반응으로 미움의 화살을 돌릴 수 있다. 즉 어느 지점에서 그들이 부정적인 감정을 드러낼지 짐작하기 어려우니 테이커에게 미움받지 않으려 애써 노력하지 말자. 이런 관계에서는 조용히 도망치는 편이 좋다.

싫은 건 싫고 아닌 건 아니라고 말할 것

일상을 기분 좋게 보내기 위한 가장 좋은 방법은 따로 있다. 바로 입장을 분명히 하는 것이다. 이래도 좋고 저래도 좋다는 반응을 보이면 오히려 무슨 생각인지 파악하기 어려운 사람으로 인식돼 결국 누구도 나를 상대하지 않으려 할 가능성이 높다.

반면 좋거나 싫다는 의견을 분명히 하면 애초에 당신과 맞지 않는 사람은 다가오지도 않는다. 앞서 커뮤니티가 소중한 이유로 가치관을 공유할 수 있는 사람의 모임이기 때문이라는 점을 들었는데, 어떤 행동이나 말, 가치 등에 대한 호불호가 바로 그 가치관이다. 호불호를 명확히 표현하지 않으면 가치관이 다른 사람이 다가온다. 즉 시간과 돈, 가능성을 빼앗는 테이커를 불러들이는 꼴이 된다.

그렇다면 어떤 유형이 테이커에게 속기 쉬울까? "아니요"라고 확실하게 말하지 못하거나 거절이 익숙하지 않은 유형, 상대에게 끌려다니는 일이 잦은 유형 등 수동적인 사람들이다. 유감스럽게도 능동적이지 못하면 무슨 일이든 주변에서 시키는 대로 휘둘리는 인생을 살기 십상이라 자신의 이상을 실현할 수 없다. 작은 것부터라도 좋다. 우선은 호불호를 분명히 하고 인간관계를 스스로 선택한다는 감각을 몸에 익혀야 한다.

관계에서 제대로 도망치려면?

28 좋거나 싫은 입장은 분명히 보여줘야 한다.

지금 당장 도망쳐야 할 관계 4

내 성공을 배 아파해요

현재의 삶이 만족스럽지 않고 조금이라도 변하고 싶다는 마음이 있다면, 냉정하다고 느낄지도 모르겠지만 학창 시절 친구들에게서 도망치기를 권한다. 정기적으로 만나는 사이라면 더욱 그렇다.

무조건 관계를 정리하라는 뜻이 아니다. 가치관이나 지향점이 같다면 계속 사귀어도 되지만 친구가 자기 기준에 맞춰 내 성장을 부정한다면 거리를 두자. 열등감이나 우월함을 드러내며 나를 깎아내리려 하는 경우에도 마찬가지다.

과거에서 벗어나지 못하는 친구들

앞서 언급한 가족이 내 변화를 달갑지 않아 하는 맥락과 비슷하다. 특히 어릴 때의 친구들을 어른이 되어서도 계속 만나면 그 시절의 이미지나 습관이 그대로 유지되기 때문에 변하기 쉽지 않다. 누군가는 우리가 그때 그 학창 시절의 모습을 계속 유지하기 바랄 것이다.

물론 여러분이 개의치 않는다면 상관없다. 하지만 그 시절 성격이나 말투, 행동에서 벗어나지 못하는 스스로의 모습에 위화감이 든다면 어릴 적 친구들과 멀어지는 편이 좋다. 새롭게 탈바꿈하려면 일단 예전 관계에서 도망쳐야 한다. 변하겠다고 굳게 결심해도 옛 지인들을 만나면 너무나도 쉽게 과거로 돌아가곤 한다. 나 역시 오랜 지인을 만나면 추억에 잠겨 그때로 돌아간 듯 행동해서 깜짝 놀랄 때가 있다.

독립 후에 사귄 친구라면 예나 지금이나 서로에게 느끼는 이미지에 큰 차이가 없겠지만 오랜 친구는 여전히 어릴 적 말투나 행동을 보이는 경우가 더러 있다. 독립한 지 15년이나 지났으니 나와 친구 모두 변했을 수밖에 없다. 자연히 서로의 달라진 모습을 존중해야겠지만 변화를 받아들이지 못하는 것이다.

일부는 지금 우리가 얼마나 성장했는지와 관계없이 "옛날에는 내가 더 대단했어!"라고 말하며 우월감을 드러낸다. 그런 친구와는 적당히 거리 두는 편이 좋다. 만약 계속 우위를 점하려는 행동을 보인다면 그때는 그 관계에서 도망쳐도 괜찮다.

그저 묵묵히 마이 웨이

우리는 애초에 '나도 이렇게 되고 싶다'는 욕구를 불러일으키는 사람과 사귀어야 한다. 경영자가 되고 싶다면 닮고 싶은 워너비 경영자를 중심으로 관계를 넓혀가야 한다.

유감스럽게도 입장이 비슷한 직장 동료나 지인들과는 아무리 이야기를 나눠도 크게 달라지지 않을 가능성이 높다. 평범한 회사원으로 만족하는 직장인과 독립을 꿈꾸는 직장인의 가치관은 다를 수밖에 없다. 그러니 그들에게 독립하고 싶다는 이야기를 아무리 해봐야 좀처럼 이해하지 못할 것이다.

이런 관계에 많은 에너지를 쓸 필요 없다. 이왕이면 당신에게 흥미로운 사람, 당신이 꿈꾸던 바를 이룬 사람에게 시간과 에너지를 쏟고 서로 성장하는 관계로 발전시키자. 단순하게 말하면 그냥 자신이 옳다고 믿는 길로 가면 된다. 부정하는 사람과는 거리를 두면 되고 이야기를 걸어와도 군이 귀담아들을 필요도 없다. 당신을 통제할 권리는 누구에게도 없다.

관계에서 제대로 도망치려면?

29 과거의 말투와 행동 등 이미지를 그대로 유지하지 말자.

지금 당장 도망쳐야 할 관계 5

겉과 속이 다른 것 같아요

동명의 연극을 원작으로 한 1944년 영화 〈가스등 Gaslight〉의 내용이다.

이모의 유산을 물려받은 폴라는 청년 그레고리와 결혼해 상속받은 집에서 신혼 생활을 시작한다. 그런데 그레고리는 폴라의 외출을 막고 심지어 아내를 정신이상자로 본다. 사실 그는 이모를 살해한 살인범으로, 폴라가 물려받은 보석을 훔치는 것이 목적이었기 때문이다. 이를 알 리 없는 폴라는 남편의 말대로 자신에게 문제가 있다고 생각하게 된다.

은근히 눈치 주는 연인

〈가스등〉은 '가스라이팅'이라는 용어를 만들어 낼 정도로 크게 화제가 됐다. 가스라이팅은 타인의 심리나 상황을 교묘하게 조작해 그 사람이 스스로를 의심하게 만들어 타인에 대한 지배력을 강화하는 행위를 말한다.

주변에 왜 그런 선택을 하는지 이해 가지 않는다며 내 꿈을 응원해 주지 않는 사람, 뭔가 하려고 하면 항상 부정적인 결과를 예시로 들며 반대하거나 "그만둬. 위험하잖아"라고 말하며 단정 짓는 사람이 있는가? 만약 당신의 연인이 여기에 속한다면 아무리 사랑하는 사람이라 해도 거리를 두자.

연인이 시종일관 고압적인 태도를 보이는 경우에도 멀어져야 한다. 그런 행동은 상대의 자신감이 부족하다는 증거이기도 하다. 우리는 연인과 많은 시간을 보낸다. 최근에는 결혼 전에 동거하는 경우도 많아 거의 가족처럼 지내기도 한다. 그 오랜 시간 동안 나에게 지나치게 부정적인 태도를 보이거나 고압적으로 행동하는 사람이라면 당연히 그만 만나야 하지 않을까? 고민을 나누고 의지하며 서로의 성장에 도움이 되는 파트너를 찾기 바란다.

반대가 습관이 된 배우자

부부 사이에서도 마찬가지다. 내 가능성을 이유 없이 제한하는 배우자와는 거리를 두자. 부부는 인생을 함께 설계하고 공유하며 서로 성장시켜 줄 것을 전제로 하는 관계다. 더욱이 부부 사이가 나쁘면 자녀에게도 악영향을 준다.

내 세미나에도 부부관계로 고민하는 분들이 자주 참석한다. 이야기를 들어보면 보통 한쪽이 상대의 발목을 잡아 문제가 되는 경우가 대부분이다. 하지만 다른 관계와 달리 부부의 연이라는 게 한번 맺으면 여러모로 끊어내기 쉽지 않기 때문에 보통은 섣불리 헤어짐을 통보하기보다 관계 개선에 힘쓴다. 그 결과 전보다 더욱 끈끈해지는 부부가 있는 반면 각자의 길을 갈 결심을 굳히고 갈라서는 이들도 있다.

주목해야 할 부분은 결과가 어떻든 두 경우 모두 시간과 큰 힘을 들여야 한다는 점이다. 이런 측면에서 바라보면 무조건 도망쳐야 할 때도 있는데 바로 상대가 뱀파이어 타입일 때다. 뱀파이어는 내게 모처럼 의욕이나 에너지가 생겨도 모조리 흡입하고 부정적인 감정만을 일방적으로 강요한다. 개선의 여지가 없다면 이런 상대와는 별거하는 방식 등으로 거리를 두고 곁을 떠나야 한다.

훈수 두는 집안 어른들

시부모나 장인, 장모가 간섭을 하는 일은 흔하다. 만약 여러분이 그런 상황에 놓인 며느리와 사위라면, 그분들이 우리 가정과 자녀 교육 방침, 인생 계획을 부정한다면 아무리 집안 어른들이라 해도 물리적으로 거리를 두는 편이 좋다.

함께 살고 있다면 부모님에게서 벗어나는 방법과 마찬가지로 이사를 권한다. 시댁과 처가 근처에 거주하는 경우라 해도 마찬가지다. 같은 동네에 살면 싫어도 어쩔 수 없이 만나는 횟수가 늘어난다.

서로 일을 미루는 학부모

유치원이나 초등학교 등에서는 매년 학부모회 임원이나 각종 담당자를 결정하는 모임이 열린다. 게다가 바자회나 소풍, 운동회 등 각종 행사 담당자로 선출되면 신경 써야 할 일도 많아 매우 힘들어진다.

당연히 담당자를 희망하는 사람이 별로 없고, 결국 마음이 약하거나 상냥한 사람, 친절한 사람이 등이 억지로 그 자리를 맡는다. 마음이 약한 사람, 상냥한 사람, 친절한 사람은 힘들어도 어쩔 수 없다면 참는다. 만약 이런 유형에 속한다면 더 이상 여러분만 손해를 볼 필요는 없다. 그런 상황이 되면 한 번만이라도 좋으니 자기 생각을 확실히 주장하자.

관계에서 제대로 도망치려면?

30 아무리 친밀한 관계라도 한번 진지하게 생각해 보자.

지금 당장 도망쳐야 할 관계 6

나에 대한 우려가 지나쳐요

고학력화와 구직난, 오르는 물가와 부동산 가격 등으로 청년층의 경제적 자립이 어려워지고 있다. 이에 따라 정규 교육과정을 마치고도 경제적으로 부모에게 의존하는 일명 '캥거루족'이 늘어나고 있다.

그런데 경제적 여건 때문이 아니라 정서적으로 독립하지 못해 캥거루족을 택하는 경우도 있다. 2017년 한국의 한 노동 실태 조사 기관에서 20~30대 초반의 청년 약 630만 명에게 스스로 캥거루족이라고 생각하는지 여부를 물은 적이 있다. 결과는 어땠을까? 무려 응답자의 약 14퍼센트가 중요한 결정을 내릴 때 부모님의 도움을 빌려야 마음이 편하고, 따라서 스스로를 캥거루족으로 생각한다고 답했다.

이제는 품 안에서 벗어나야 할 때

이 책을 읽는 여러분은 성인인가? 또 관계 재정립을 통해 바뀌고 싶은 욕구가 있는가? 그렇다면 한 가지 더 묻겠다. 혹시 현재 가족, 특히 부모님과 같이 살고 있는가? 만약 그런 상황이라면 독립부터 하는 편이 좋다고 과감히 제안한다. 인생을 바꾸고 싶다면 부모님과 거리를 둬야 한다. 이 책을 독립을 진지하게 생각하는 기회로 삼자.

부모와 함께 사는 20대와 30대는 놀라울 정도로 많다. 월세와 생활비, 식사 등 모든 것이 해결되니 편한 것도 사실이다. 하지만 부모에게 자식은 아무리 성인이 됐을지라도 몸만 큰 아이일 뿐이다. 여전히 아이인 자식이 뭔가를 바꾼다고 하면 처음에는 부정적으로 반응할 가능성이 높다.

부모에게 자녀의 도전과 새로운 시도는 위험한 일이다. 그들은 보통 위험 요소를 먼저 고려하기 때문에 자식이 변하지 않기를 바란다. 물론 자녀를 위하는 마음에서 비롯한 염려라 나쁘게 말할 수는 없지만 그래도 자녀의 성장에 걸림돌이 되는 경우가 많다.

부모의 반대가 없더라도 자녀 스스로 독립을 진입장벽이 매우 높은 일로 받아들이는 경우도 있다. 어쩌면 가업을 이어받아야 하는 상황일 수도 있다. 그런 틀에서 벗어나고 싶다면, 독립이 두렵기는 하지만 그럼에도 변화하고 싶은 욕구가 있다면 부모님의 말씀을 곧이곧대로 따르지 않는 캐릭터를 만들어 내 연기해 보면 어떨까? 나를 '내 성공에 제동을 거는 이의 말을 그대로 따르지 않으며, 상대가 부모님이라 해도 변하지 않는 굳건한 의지를 가진 사람'으로 설정한 다음 그렇게 행동하는 것이다.

부모자식관계는 당연히 소중하지만 과도한 의존관계는 백해무익일 뿐이다. 우선은 경제적·정신적 의존관계에서 벗어나야 한다. 특히 여전히 부모에게 정서적으로 의지하고 있다면 당연히 주변의 사소한 말 한마디에 휩쓸리기 쉬우며 내적 성숙도도 어린 시절 그대로일 수밖에 없다.

형제자매와는 멀리 살아야 애틋해진다

부모나 배우자, 자식보다도 더 오랜 시간 가깝게 알고 지내는 관계가 바로 형제관계다. 어릴 때는 물론 결혼 후 가정을 꾸리고 나서도, 부모님을 떠나보내고 난 뒤에도 시간을 공유하는 사이이기 때문이다. 그래서인지 형제자매 간 사이가 좋지 않으면 골치 아파지기 십상이다. 오래전 하버드의과 대학의 교수 로버트 월딩어 박사가 형제자매 사이가 나쁘면 우울증에 걸릴 수도 있다는 연구 논문을 미국 〈정신의학저널 Journal of Psychiatry〉에 발표한 적도 있다.

만약 나에게 부정적인 형제자매와 함께 부모님 댁에서 살고 있다면 마찬가지로 독립으로 거리를 둘 수 있다. 부모의 경우처럼 형제자매에게서도 완전히 도망칠 수 없다. 독립할 수 없는 처지라면 연락 빈도를 줄여서라도 거리를 두자.

가족의 말이니 따라야 한다고 믿는다면 아무리 많은 시간이 흘러도 거리를 둘 수 없다. 만약 상대가 여러분을 항상 부정한다면 연락에 답장하지 않거나 늦게 회신하자. '미안, 바빠서 답장이 늦었어'라는 식으로 말이다. 관계가 악화될 바에야 거리를 두는 것이 더 낫다. 가족은 오히려 떨어져 살아야 소중함을 알게 된다는 말도 있지 않던가?

특히 성실한 형제자매는 내 일에 더 적극적이고 매사 간섭한다. 가족 구성원과의 관계는 사람마다 다르겠지만 항상 나를 부정한다면 도망쳐도 괜찮다.

관계에서 제대로 도망치려면?

31 부모나 형제자매가 내 성장을 가로 막기도 한다.

지금 당장 도망쳐야 할 관계 7

회사에 악성 고객이 많아요

우리는 사회생활을 하며 많은 사람을 만난다. 직장인이라면 상사와 같은 직급의 동료, 오다가다 마주치는 다른 부서 사람들은 물론 휴게 시간이나 점심시간에 자주 들르는 카페나 식당의 종업원까지 하루에도 수많은 얼굴을 마주하며 이야기를 나눈다. 학생이라면 학급 친구들, 선생님이나 교수님, 교직원과 통학 버스의 기사님 등 여러 사람을 만날 것이다.

문제는 그렇게 만나는 무수한 이 중 얼굴이나 이름을 기억할 노력을 들이지 않아도 문제가 되지 않는 사람이 있는

반면 일회성 만남에 불과한데도 내 에너지를 뺏어가는 사람
이 있다는 점이다.

모두를 어둡게 만드는 블랙 컨슈머

특히 서비스업에서 종사하고 있다면 다른 손님에게 피해
를 주거나 불평이 지나친 고객을 만나기도 할 것이다. 공무
원이라면 비슷하게 악성 민원을 겪기도 한다. 이럴 때는 그
냥 피하도록 하자. 그중에서도 '손님이 왕이야!'라는 생각을
전제로 행동하는 고객은 요주의 인물이다.

이런 손님을 만났을 때 가장 좋은 방법은 책임자에게 대
응을 요청하는 것이다. 만약 당신이 책임자라면 적당히 한
귀로 듣고 한 귀로 흘리는 대응이 적절하다. 이런 응대에 만
족하지 못해 다시 방문하지 않을지도 모르지만 다른 손님
이나 직원에게 피해를 주는 고객의 재방문은 그리 달갑지
않을 것이다.

고객과의 관계에서도 앞서 이야기한 신진대사가 필요하

다. 어떤 업종이든 정말 좋은 고객은 오랫동안 관계를 유지하며 여러모로 지원이나 도움을 줄 것이다. 피해를 주는 악성 고객이라면 그들에게서 도망치는 편이 오히려 단골과 충성 고객을 많이 만드는 방법일지도 모른다. 다시 방문해 주기를 바라는 고객, 양질의 서비스를 제공해 주고 싶은 고객만을 진정한 손님으로 맞이하자.

손님도 양보다는 질이다

결과적으로는 그런 응대가 고객 만족도를 높인다. 이를 위해서는 고객 기준을 만드는 편이 좋다. 내가 생각하는 진정한 고객의 모습을 규정해 두는 것이다. 호텔을 예로 들어보겠다. 호텔의 숙박 비용은 일정하지 않다. 지역은 물론 성수기와 비수기에 따라 바뀌고 몇 만 원부터 수천만 원, 수억 원에 이르기까지 금액 차이도 천차만별이다. 접객과 청결도, 입지 등 일정한 기준에 맞춰 그에 걸맞은 가격을 책정하고 서비스를 제공하기 때문이다. 이에 따라 1성급부터 5성급까지 나뉘지 않던가?

최고 등급 호텔에서 방이 더럽거나 서비스가 최악인 경우는 드물다. 호텔 측은 투숙객이 지불한 비용만큼의 대가를 제공한다. 숙박비가 저렴한 호텔 또는 별을 하나도 달지 못한 숙소에 묵는 고객은 '싸니까 괜찮아' 하고는 애초에 양질의 서비스를 기대하지 않는다. 다시 말해 호텔도 가격으로 손님을 고르고 있는 셈이다.

과도한 접대를 요구하고 성희롱을 하는 등 이른바 갑질을 일삼는 거래처와 피해를 주는 고객이라면 과감히 도망쳐도 괜찮다. 무리하게 관계를 이어가도 결국 악화되기 때문이다. 이처럼 훗날 큰 문제가 생길 것이 불 보듯 뻔하다면 지금 당장 거리를 두자. 그런 고객을 응대할 시간에 새로운 거래처나 고객을 찾는 편이 현명하다.

악성 거래처나 고객의 유입이 줄어들도록 진입장벽을 높이기 위한 대책도 세우자. '이런 거래처나 고객 이외에는 대응하지 않고 상대하지 않겠다'는 기준을 마련하는 것이다. 그런 유형을 많이 상대하는 것보다 소수의 좋은 고객을 소중히 대하는 편이 비즈니스적으로도 훨씬 장래성이 좋다.

직원의 꼼꼼한 응대와 고객의 높은 만족도를 위해 아예 회

원제로 운영하는 곳도 있다. 소수의 선택받은 자만을 위한

서비스 제공으로 성공을 거둔 비즈니스 사례 역시 얼마든지

많다.

관계에서 제대로 도망치려면?

32 고객 기준을 세우고 그에 따라 응
대해도 된다.

소중한 사람으로
빈자리를 채우자

이번 장의 세 가지 핵심을 질문과 답변 형식으로 짧게 정리해 보겠다.

첫째, 나와 엇비슷한 위치의 사람을 사귀는 것이 좋을까 아니면 나보다 더 뛰어난 사람과 사귀는 것이 좋을까? 이는 양자택일의 문제가 아니다. 함께 성장하는 동등한 위치의 동료도, 뭔가를 가르쳐 주고 자극을 주는 멘토도 중요하다.

둘째, 함께 성장하는 동료이고 나에게 분명히 자극을 주지만 종종 위화감이 드는 상대는 어떻게 해야 할까? 이런 경우는 판단이 어렵지만 역시 거리를 두거나 자주 만나지 않는 편을 추천한다.

셋째, 속마음을 터놓을 수 있는 학창 시절 친구나 동아리 친구, 직장 동료와 연인, 부모나 형제자매 등과는 무슨 일이 있어도 관계를 이어가야 할까? 우선 이들과 사귀어도 좋을지 진지하게 생각해 보자. 지향점이나 가치관이 맞지 않으면 설령 가족이라 해도 일정 거리를 두고 멀어져야 한다.

직장에서도 내 편을 찾고 싶다면

업무상 인간관계로 고민이라면 직장에서 최소한 한 명의 아군을 만드는 방법도 해결책이다. 어떤 사람을 내 편으로 만들어야 할까? 무조건 당신을 받아주면서도 어느 정도 힘이 있는 사람이 좋다.

구체적으로는 관리자나 경영진급에 속한 인물이 이상적이다. 직설적으로 말하자면 다른 사람의 미움을 신경 쓰지 않아도 될 정도로 능력과 지위를 갖춘 사람이다. 이런 인물의 신뢰를 받으면 어떤 일을 하든 믿고 따를 수 있어 업무를 안정적으로 추진할 수 있고 심적으로도 편안한 생활이 가능하다. 자연히 든든한 마음이 들기 때문에 도망치고 싶은 고객이나 거래처를 만나도, 사내 인간관계에 문제가 생겨도 당황하지 않고 적합한 대응을 할 수 있다.

나 역시 그런 존재가 있었기 때문에 지금의 내가 있다고 생각한다. 모두와 좋은 인간관계를 구축할 필요는 없다. 당신 편이 되어줄 사람을 찾아 그와의 유대를 강화하는 것이 중요하다.

관계에서 제대로 도망치려면?

33 내 편이 되어줄 사람을 찾자.

5장

나를 존중하는
소중한 사람과 함께할 때
인생이 잘 풀린다

가까워지고 싶은
사람이 있다면

지금까지 관계 정리의 필요성과 호불호로 관계를 선택할 때 파생하는 효과, 사귀지 말아야 할 사람의 특징 등을 설명했다. 인간관계에서는 질이 중요하지 양이 중요하지 않으며 사귀는 인원을 줄이는 편이 좋다는 것을 이해했으리라 생각한다. 마지막 장을 시작하면서 다시 한번 강조하겠다. 인간관계의 90퍼센트는 도망쳐도 괜찮다. 이제 컨설팅과 강연을 진행하며 겪은 여러 인상적인 사례와 내 경험을 바탕으로 좋은 인간관계 만드는 방법을 안내하겠다.

점심 한 끼의 힘

나는 배울 점이 많은 이들과 점심 식사를 함께하거나 차를 한잔하면서 연결고리를 만드는 방식으로 계속 만남을 유지했다. 특히 창업 초창기에는 지금보다 훨씬 더 적극적으로 사귀는 사람을 늘리는 동시에 관계를 재검토했다. 나는 관계를 정리하며 여유 시간을 확보했고 이를 배울 점이 많은 사람과 함께하는 데 활용했다. 즉 나를 지금보다 나은 사람, 더 좋은 사람으로 만들어 줄 수 있는 사람들과 관계를 강화했다.

언젠가 성공한 미국의 한 경영자로부터 '억만장자를 점심 식사에 초대할 것. 그리고 절대 혼자 밥을 먹지 말 것'이라는 가르침을 받은 적이 있다. 좋은 인간관계를 구축하고 싶은 이들에게 매우 도움이 되는 조언이라고 생각한다. 고작 한 끼 같이하는 것이 뭐가 그렇게도 중요하며 큰 영향을 불러올 수 있느냐는 의문이 들 수도 있지만 점심 식사는 인간관계를 맺는 가장 효율적인 방법이다.

점심 식사를 거르는 사람은 거의 없고 권유해도 거절하기 쉽지 않기 때문이다. 또 직장이나 하는 일이 달라도 점심시간은 보통 비슷한 시간대에 1시간 정도로 고정돼 있어 서로에게 일정을 맞추기 위해 들여야 할 수고나 시간적 낭비가 크지 않다는 장점이 있다.

급할수록 돌아갈 것

관계 맺기가 너무나도 편리해진 시대다. SNS나 유튜브를 보고 흥미롭거나 본받을 점이 있는 계정을 발견하면 팔로우해서 온라인 친구가 된다. 주의할 점은 이 시점에 섣불리 점심 식사에 초대해서는 안 된다는 것이다.

순차적인 단계를 밟아야 한다. 우선 상대방에게 메시지를 보내거나 게시물에 댓글을 달아 그의 사고방식이나 행동에 동의한다거나 감명받았다는 것을 알리자. 가능하면 내가 어떤 도움을 줄 수 있는지도 구체적으로 전달하자. 그런 다음에야 '만약 괜찮으시다면 함께 점심 식사라도 하지 않겠습니까?'라고 제안해야 한다.

무작정 게시물을 잘 봤다며 소통하자며 연락하는 것도 좋은 방법이 아니다. 광고나 스팸 계정으로 오해받을 가능성이 아주 높다. 불쑥 만나자고 하기보다 무엇에 감명받았는지 가능한 한 구체적으로 표현하면서 친분을 쌓자. 그런다음 '꼭 배우게 해달라!'라는 의도를 보이되 정중하게 가르침을 청하는 편이 좋다. 즉 상대를 만나려는 목적이 명확해야 한다.

이런 과정을 밟고 난 뒤에야 기회를 봐서 점심 식사에 초대하자. 물론 식사는 초대하는 쪽이 대접해야 한다. 도움을 주는 입장에서는 굳이 비용을 들이면서까지 만날 이유가 없다. 또 가능하다면 사전에 상대의 사무실을 알아보고 오래 이동하지 않아도 되는 근처의 식당을 예약하자. 상대에게 원하는 장소를 묻고 이동에 느낄 수고를 덜어주는 센스를 발휘해도 좋다.

나 역시 막 창업했을 때 점심 식사에 많은 사람을 초대했다. 처음에는 관심 있게 본 강연의 강연자나 세미나 회원들,

성공을 갈망하는 경영자에게 닥치는 대로 연락했다.

당시에는 아무것도 모르는 애송이였지만 이 과정을 거치며 훌륭한 경영자 선배를 많이 만나 비즈니스를 비롯해 삶을 대하는 기초적인 태도 등 탄탄한 가르침을 받았다. 덕분에 남들보다 많은 시행착오를 거치지 않고 여기까지 올 수 있었다고 생각한다.

관계에서 제대로 도망치려면?

34 자기중심이 아닌 상대 중심이라는 마음가짐을 갖자.

소중한 사람을 대하는
최소한의 태도

여러 번의 점심 식사로 내 세상은 넓어졌다. 식사 상대로는 예나 지금이나 누구나 다 알 정도로 유명한 인사도 있고, 지금은 잘 알려졌지만 그때는 평범했던 인물도 있다.

잠시 첫 만남에서 염두에 둬야 할 생각과 태도에 관해 이야기해 보려 한다. 현대사회에서 첫인상은 강력한 무기로 작용한다. 처음 상대를 보고 떠오른 긍정적이거나 부정적인 감정에 따라 판단하거나 행동하는 사람이 많기 때문이다.

나는 그런 첫인상 평가를 기반으로, 즉 당시의 상황으로 상대의 모든 것을 지레짐작해서는 안 된다고 말하고 싶다. 첫인상이 중요하지 않다는 의미가 아니다. 그게 전부가 아닌 경우가 충분히 많기에 경솔히 행동하면 안 된다는 점을 강조하는 것이다.

언제나 한결같아야 한다

오랜 기간 함께하고 있는 비즈니스 파트너 중에도 첫 만남 때의 모습과 지금의 위상이 사뭇 달랐던 인물이 있다. 당시 그는 경영학과 마케팅을 공부하던 학생이었는데, 현재는 목표로 하던 컨설턴트가 되어 멋지게 활약하고 있으며 나에게도 여러 번 도움을 줬다.

누군가의 상황이 미래에도 변함없이 이어지리라고 섣불리 결론 내리지 말자. 비록 지금 이렇다 할 눈에 보이는 성과가 없고 대단한 위치에 있지 않더라도, 자기계발을 시도하고 성장 욕구가 넘치며, 적극적으로 자신의 변화를 바라고 꾀하는 인물이라면 그와의 연결을 소중히 여겨야 한다. 몇 년 후 크게 성장해 화려하게 변신할 인재일 가능성이 높기 때문이다.

현재 특출나지 않으니 장래에도 별반 달라지지 않으리라고 제멋대로 판단하지 말자. 평범해 보였던 인물이 불과 1~2년 만에 높이 도약해 몸담은 업계의 판도를 바꾼 사례는 셀 수 없이 많다. 성공했다고 소중히 대하고 성공하지 않았다고 건성으로 대하는 박쥐 같은 태도를 취해서는 안 된다. 상대의 현 상황에 따라 입장을 달리하지 말자.

그의 성향을 배려하며 관심을 보이자

만남을 고대하던 이와 실제로 미팅을 하게 됐다거나 교류하게 됐을 때 어떤 이야기를 하면 좋을까?

내 경우 상대가 읽은 책에 대한 질문을 자주 한다. 독서 성향을 파악하고 같은 책을 읽으면 그와 비슷하게 생각하고 행동할 수 있기 때문이다.

창업 계기 등 인생의 전환점에 대해서도 질문한다. 성공과 실패담을 듣고 그 패턴을 알기 위해서다. 인생의 큰 변화에 관한 경험은 상대도 들려주고 싶어 하기 때문에 속 깊은 이 야기까지 들을 수 있다.

한 가지 대화의 팁을 주자면 상대방의 이야기를 듣는 태도 역시 중요하다는 것이다. 고개를 끄덕이고 칭찬을 하거나 메모를 하는 등 경청의 자세를 보여줘야 한다. 듣는 사람이 어떻게 반응하고 귀 기울이는지에 따라 상대가 말해주는 이야기의 질이 달라진다. 내 말을 잘 들어주는 사람에게는 하나라도 더 알려주고 싶은 마음이 들기 마련이다.

헤어질 때는 반드시 내게 도움이 될 만한 사람이 있다면 추천해 달라고 하자. 성공한 이가 소개해 주는 인물에게도 배울 점이 많다.

주의할 점도 있다. 누군가와 직접 만나 대화하는 목적이 성공한 인물과의 친밀한 관계 구축이라 해도 사람에 따라 느슨한 관계가 효과적일 때도 있다는 것이다. 깊은 인간관계가 아니라면 그만큼 사이가 틀어질 가능성도 낮기 때문이다. 소중한 10퍼센트라 해도 상대의 성향에 따라 사귀는 방법을 바꿔야 한다는 의미다. 단순히 만나는 횟수가 많다고 친밀해지지는 않는다.

관계에서 제대로 도망치려면?

35 흥미 있는 사람에게는 질문을 던지자.

내가 존중할 수 있고
나를 존중해 주는 사람들

고대 그리스의 철학자 아리스토텔레스는 저서 《정치학Politics》에 이런 격언을 남겼다.

"인간은 사회적 동물이다."

이 말처럼 우리는 사회 안에서 서로 관계를 맺으며 언어와 규범, 가치관을 습득하고 영향을 주고받으며 인간다운 인간으로 거듭난다. 즉 인간이라는 동물에게 어떤 커뮤니티에 속하느냐는 매우 중요하다. 어떤 사람이 될지 결정하는 성장의 열쇠이기 때문이다.

가치관이 통해야 말이 통한다

우리가 속해야 할 커뮤니티는 같은 가치관을 가진 동료 집단으로 사명을 공유하고 서로 도우며 앞으로 가기 위한 운명 공동체다. 개인적으로는 어떤 커뮤니티에 속하느냐에 따라 인생이 결정된다고 생각한다. 예를 들어 헬스장에서 운동에 관심 있는 동료를 만나면 건강해질 기회가 조금 더 생기는 것이다.

직장인이라면 가장 많은 시간을 보내는 회사에서 성장 욕구가 강한 사람이 있는지 찾는 방법이 자연스럽고 편할 것이다. 만약 아무리 탐색해도 그런 인물이 보이지 않는다면 회사에서 벗어나 새로운 커뮤니티와 인간관계를 찾아야 한다. 즉 스스로 어떤 사람이 되고 싶은지를 떠올리고 이에 따라 어떤 인간관계를 구축할지 결정해야 한다.

비슷한 생각을 가진 사람들과 연결되기 쉬워진 시대다. 이제 누구라도 직장이든 동호회든 취미 모임이든 어떤 커뮤니티에서 누구와 어울리는지가 인생을 좌우한다는 말을 감각적으로 받아들이고 이해할 것이다. 이를테면 기업가 주변에는 기업가 동료가 많다. 달리 말해 기업가가 되고 싶다면 성공을 거둔 다른 기업가와 적극적으로 사귀어야 한다는 뜻이다.

같은 제품 사용자 간의 연결도 하나의 커뮤니티다. 특정 기업에서 출시한 휴대폰이나 태블릿 PC, 시계 등을 소유하고 있을 때 우연히 같은 회사의 제품을 가진 사람을 발견하면 은근히 기분이 좋아지곤 한다. 소속감이 들기 때문이다. 미국 유명 모터사이클인 할리데이비슨 운전자 모임이나 페라리, 메르세데스-벤츠 등 같은 브랜드의 자동차를 가진 이들의 동호회가 대표적인 예다.

이렇듯 성향이 비슷해야 서로에게 긍정적인 영향을 기대할 수 있는 시대다. 구성원의 가치관이 상이하면 한 규칙에 모두를 끼워 맞출 수 없고 더 나아가 그 모임이 잘 운영될 리가 없다. 자기실현을 추구하는 사람은 방향성이 같은 동료가 많은 커뮤니티에 속하고 싶어 한다. 나를 성장시켜 줄 사람을 찾는 것이다.

신뢰는 시간을 먹고 자란다

어떤 커뮤니티에 들어갔다면 그곳에서 보낸 시간의 총량보다는 얼마나 충실한 시간을 보냈느냐가 중요하다. 예컨대 나는 엔터테인먼트, 건강, 레저 등 다양한 부문의 사업을 펼치는 버진그룹의 창립자 리처드 브랜슨이 운영하는 마스터마인드Mastermind라는 커뮤니티에 속해 있다. 쉽게 설명하면 기회를 고려하거나 복잡한 문제를 협상하고, 새로운 아이디어를 고안하려 할 때 다양한 관점을 제공하기 위한 모임이다. 여행을 다니며 많은 이야기를 나누기도 한다. 비즈니스 성공을 목표로 하는 사람이 한데 모여 같은 꿈을 꾸며 시너지 효과를 내는 것이다.

사람은 시간과 장소, 가치관을 공유하면 친해질 수 있다. 우리는 대부분 시간과 장소를 공유하는 집단에 소속돼 있다. 하지만 그곳에서 가치관 공유가 이뤄지느냐는 별개의 문제다. 핵심은 가치관이 일치하는 모임이어야 한다는 것이다. '가치관이 맞는다'는 '말이 통하느냐'로 풀어 설명할 수

있다. 집단 내에서 오가는 말을 서로가 거부감 없이 이해할

수 있는지가 중요하다.

관계에서 제대로 도망치려면?

36 나와 커뮤니티 구성원의 방향성이
     같은지가 중요하다.

37

빼앗는 사람인지
확신이 서지 않는다면

어떤 커뮤니티에 들어간 목적이 인맥을 쌓기 위해서라면 일단 나에게 투자한다고 생각하는 편이 좋다. 무료로 가입할 수 있는 모임에는 테이커가 많기 때문이다. 그들은 당신의 시간과 가능성을 갈취하기 때문에 절대로 사귀면 안 된다. 가능한 한 만나지 않는 것이 최선이다. 하지만 처음 커뮤니티에 들어가면 테이커를 만나도 알아보지 못해 고초를 겪을 수도 있다. 경험이라고 생각하면 위안이 되겠지만 애초에 그들을 알아볼 수 있으면 시행착오를 줄일 수 있지 않을까?

테이커의 말버릇

다행스럽게도 어느 정도 테이커를 구분할 수 있는 방법이 하나 있는데, 그들이 자주 하는 말이 있기 때문이다. 테이커는 "일단…"이라는 말을 입버릇처럼 내뱉는다. "일단 만나서 이야기합시다" "일단 술이나 마시러 갑시다" "일단 함께 비즈니스 해봅시다" 등 '일단'이라는 단어를 자주 사용하는 사람은 주의해야 할 필요가 있다.

반대로 가치를 나눠주는 기버는 반드시 사귀어야 할 사람이다. 좋은 인간관계를 구축하고 싶다면 우리도 기버가 돼야 한다. 에너지, 시간, 돈, 미래의 가능성을 주는 사람과 인간관계를 맺자.

우리 주변에는 내 가능성을 열어줄 인물이 속한 집단과 가능성을 빼앗을 사람이 속한 집단이 존재한다. 기버는 어디에 있든 항상 나눠주는 것만을 생각한다. 기버가 많은 모임에 들어가 당신도 기버가 되어 그 집단에 공헌하면 사적으로든 공적으로든 유의미한 상승효과를 볼 수 있다.

아는 사람은 많게, 깊은 관계는 적게

'인맥을 넓히자'라는 말을 자주 들었을 것이다. 그래서인지 흔히들 인맥은 다다익선이라고 생각한다. 하지만 이 말은 일부분 맞다고 할 수 있어도 완전히 옳다고 할 수는 없다. 넓혀야 하는 시기가 있고 줄여야 하는 시기가 있기 때문이다.

여러분이 20대라면 관심 있는 커뮤니티나 온라인 카페에 가입하고, 배우고 싶은 내용의 강연이나 세미나에 참석하는 등 다양한 방식으로 인맥을 최대한 넓히길 바란다. 30대도 마찬가지다.

만약 40대까지도 좋은 인맥을 쌓지 못했다면 여전히 인맥을 넓히는 데 노력해야 할 것이다. 하지만 이때부터는 서서히 줄여나가야 한다는 생각도 가져야 한다. 인맥은 넓은 것이 확실히 좋지만 지나치게 많은 사람과 관계가 깊어지면 다시 좁힐 필요도 있다. 즉 많이 만나보고 최종적으로 진지하게 사귈 사람을 선별해야 한다.

몇 명 정도가 가장 좋을까? 소중한 친구는 다섯 명 정도가 적당하지 않을까 싶다. 다섯 명을 한 달에 한 번씩만 만난다 쳐도 닷새나 필요하다. 평일에 일하는 시간과 개인 시간을 고려하면 다섯 명 정도가 이상적이다.

그냥 지인이라면 많아도 좋다. 이 경우에도 최종적으로 친한 친구로 발전시킬지 말지는 심사숙고해야 한다. 시간은 한정적이기 때문에 깊은 관계로의 발전을 고민한다면 선택과 집중이 필요하다.

관계에서 제대로 도망치려면?

37 인맥을 유익한 사람들로만 채우자.

38

내 마음을 강요하지 않고
가까워지는 법

관계 맺기 자체는 의외로 간단한데, 만남을 멀리하는 원인이 보통 우리 스스로에게 있기 때문이다. 사람들은 누군가를 만났을 때 거절당하는 것을 두려워하며 심리적인 차단, 즉 멘탈 블록Mental block 을 세운다. 쉽게 설명하면 부정적인 감정 때문에 타인과의 연결에 장벽을 세운다는 것이다. 구체적인 예로는 '사람 사귀는 건 정말 어려운 일이야'라는 편견에 사로잡혀 새로운 사람을 만날 기회 자체를 차단하는 경우 등이 있다.

인상 깊은 모습의 중요성

언젠가 한 유명 멘토와 만나기 위해 고군분투한 적이 있다. 지인들을 통해 만남을 주선해 보기도 했지만 대단한 인물이었기 때문인지 그와 연이 있는 사람이 없었다.

방법을 고민하다 그 사람의 출간 기념 강연회에 직접 참석했다. 강연 후 사인회가 열렸는데, 나는 강렬한 인상을 남기고 싶어서 수백 명이 늘어선 대기 줄의 가장 마지막에 섰다. 다른 자리에 서면 뒷사람에게 시간을 양보해야 하니 그와 이야기를 나눌 기회가 없을 것으로 생각했기 때문이다. 결과적으로 사인을 받으면서 3분 정도 이야기할 수 있었고 사인회가 끝난 후 함께 걸으면서 5분 정도 더 대화할 수 있었다. 대기 시간에 비하면 짧다고 생각할 수 있겠지만 나에게는 관계를 돈독하게 만들기 위한 의미 있는 시간이었다.

아쉽게도 당시에는 유학 중에 잠시 귀국했던 상황이라 이후 관계가 깊어지지 못했다. 그로부터 4년 후 유학을 끝내고 돌아와 다시 그의 세미나에 참석했는데, 매우 기쁘게도 그는 나를 기억하고 있었다. 1년 뒤 업계에서 열심히 일하다 보니 마침내 그와 점심을 함께 먹을 기회도 찾아왔다.

이렇듯 강한 인상을 남기는 것은 모든 인간관계에서 아주 중요하다. 연애하고 싶은 사이에서만 적극적인 어필이 필요하다고 생각한다면 이는 큰 오산이다. 긍정적인 인상은 언제 어디서나 좋은 관계를 낳는다.

나는 그 멘토에게 수백 명이 사인을 받을 동안 차례를 기다리며 긴 시간을 고대한 끝에 이야기를 나눴다는 인상을 남겼다. 이렇듯 기다림만으로도 상대에게 강렬한 인상을 남길 수 있다. 아이디어만 있다면 어떤 사람과도 좋은 인간관계를 맺을 수 있다는 뜻이다.

관심을 호감으로 바꾸는 대화의 기술

만나기 전 상대가 어떤 사람인지 미리 알면 관계를 맺는데 도움이 된다. 인터넷에서 이름 검색하기, 페이스북이나 인스타그램 프로필 또는 게시물 읽기, 블로그나 저작물 살펴

보기 등 사전에 정보를 충분히 파악한 뒤에 만나자.

세미나 게스트로 어떤 저명한 아티스트를 초대한 적이 있다. 만남 전에 그의 그룹 결성 비화를 다룬 기사를 비롯해 히트작 등을 살펴봤다. 세미나를 마친 뒤 저녁 식사 자리에서 정리한 내용을 기반으로 화제를 던지며 소통을 시도하자 아주 원활한 대화가 이뤄졌다. 활기찬 분위기 속에서 그는 내게 도움이 될 만한 여러 이야기를 해줬고 지금도 좋은 관계로 지내고 있다.

인터넷은 물론 챗GPT 등 인공지능 기술의 발달로 손가락 몇 번만 움직이면 많은 정보를 얻을 수 있는 세상이다. 만날 상대가 유명인이 아니어도 그가 SNS를 이용하고 있다면 기본적인 정보를 찾을 수 있다. '이런 멋진 일을 하셨더군요?' 같이 대화를 이끌 수 있는 화제를 준비하자. 상대의 SNS에서 나와의 공통점이나 비슷한 관심 주제, 궁금한 점을 미리 찾아 둔다면 대화를 원활히 이끄는 데 효과를 볼 수 있을 것이다.

물론 아무리 SNS에 공개된 정보였다 해도 지나치게 사적

인 일이나 좋지 않은 일을 언급하면 경계의 대상이 될 수도

있으니 주의하자.

관계에서 제대로 도망치려면?

38 다른 사람과 다른 모습을 보여주자.

불청객에서
반가운 손님이 되려면

"제가 언제 한번 이구치 씨를 만날 수 있을까요?"

내 SNS에 자주 오는 메시지다. 발신인을 확인해 보면 공통된 친구도 없고 프로필도 명확하지 않은 정체불명의 계정에서 보내온 경우가 대부분이다. 이렇게 일면식도 없는 모르는 사람에게 만나자는 권유를 받으면 가장 먼저 무섭다는 감정과 함께 '무슨 목적으로 접근하는 걸까? 꺼림칙하군'이라는 생각이 떠오른다. 최근 SNS를 통한 각종 범죄가 늘어나는 추세인 만큼 경계심만 높아지는 것이다.

마음의 문을 열게 하는 제안의 기술

전혀 모르는 상대를 누가 선뜻 만나려고 하겠는가? 이런 식으로 만남을 제안하는 사람은 실제로도 무례한 경우가 많다. 어떻게 하면 소통을 잘할 수 있을지에 대한 고민을 아예 하지 않은 것처럼 보인다.

뜬금없이 '이구치 씨가 만나줬으면 하는 사람이 있습니다'라는 문장으로 시작하는 메시지도 받는다. 이 경우에도 좋지 않은 감정이 든다. 누구를 소개하고 싶은 것인지, 목적은 무엇인지 등이 불명확한 부실한 메시지를 받으면 상대와 여러 번 메시지를 주고받아야 한다. 즉 쓸데없이 시간과 에너지를 낭비하는 결과를 초래하기 때문이다.

누군가에게 뭔가를 권유하고 요청하고 싶다면 메시지를 어떤 내용으로 보내야 상대가 안심하고 수락할지 고민해야 한다. 일방적으로 만남을 요청하는 말에 무턱대고 만나주는 사람은 없다.

만나고 싶은 이유를 명확하게 밝히거나 선호할 만한 약속 장소와 시간을 제시하는 등 상대를 존중하는 내용의 메시지를 받으면 어떤 사람인지 궁금해서라도 만나보고 싶다는 생각이 든다. '직장 근처의 ○○호텔 라운지나 △△커피숍은 어떠신가요?'라며 복수의 선택지를 제시하는 것도 방법이다. 호텔 라운지는 넓고 너무 시끄럽지 않아서 배려심이 돋보이는 장소다.

알아두면 반드시 쓸모 있는 첫 만남 매너

만났다면 어떻게 해야 할까? 두서없는 이야기는 상대에게 고통만 줄 뿐이다. 듣고 싶은 이야기만 듣고 아무런 반응 없이 떠나는 사람도 싫다. 만나자고 한 사람의 반응이 석연치 않으면 '여기 왜 나온 거지?'라는 생각이 든다.

약속 장소는 고급 식당이나 맛집일 필요 없다. 말도 능수능란할 필요 없다. 하지만 최소한의 배려가 없으면 만남 자체가 무의미해진다.

식사비나 찻값은 상대가 정말 배울 점이 많은 사람이라면 투자한다고 생각하고 지불하자. 주머니 사정이 넉넉하지 않은 상태거나 상황에 따라서는 더치페이를 해도 괜찮을 것이다. 어쨌든 상대가 부담스러워하지 않도록 배려하는 마음가짐이 중요하다.

관계에서 제대로 도망치려면?

39　내가 싫은 일은 남도 싫다.

꼬인 문제를 풀어줄
도망이라는 열쇠

몇 번 언급했지만 어릴 적 나는 집단따돌림을 당했고 전학과 이사를 통해 벗어나고 싶었던 관계에서 도망쳤다. 극단적이라고 생각할 수도 있다. 하지만 도망은 분명히 인간관계를 새롭게 구축하는 손쉬운 방법이다.

〈이코노미스트〉에서 현대 경영의 창시자로 불리는 경영학자 피터 드러커, 톰 피터스와 함께 현대의 사상적 리더로 주목한 경제학자이자 세계적인 경영 구루guru인 오마에 겐이치는 이렇게 말했다.

"인간을 바꾸는 방법은 세 가지뿐이다. 첫째는 만나는 사람을 바꾸는 것이고, 둘째는 사는 곳을 바꾸는 것이며, 셋째는 시간을 달리 쓰는 것이다."

이 말처럼 지금 만나는 사람, 지금 몸담은 환경에서 도망치면 시간도 달리 쓸 수 있는 가능성이 높아진다.

도망친 후 만난 다른 세상

여러 번 전학을 다녀야 했던 어린 시절에는 힘들다는 말로는 부족할 정도로 고통스러웠지만 지금 돌이켜보면 오히려 전학을 가서 다행이었다는 생각이 든다. 껄끄러운 사람들과 더 이상 마주하지 않는다는 사실이 내게 새로운 세상을 열어줬으니 말이다.

해외 유학 역시 나에게 인간관계가 완전히 새로워지는 경험을 선사했다. 그전까지 내 관계는 일본을 벗어나지 못했으니 당연한 이야기다.

귀국 후에는 고향인 오사카가 아니라 도쿄에 정착했다.

창업을 목적으로 생활했기에 주변인들도 완전히 달라졌다. 처음에는 지인 집에 얹혀살다가 모아둔 돈을 모두 쏟아부어 부유한 이들이 거주하는 고급 아파트로 이사했다.

무리한 지출이었지만 그곳 이웃들의 일상을 접하면서 사고방식이 많이 달라지고 성장했으니 투자에 성공한 셈이다. 그 후로도 몇 번 더 이사해 지금은 일본을 포함해 세계 각지에서 원격으로 근무하며 디지털 노마드로 살 수 있는 거점을 마련했다. 또 세계 최고 수준의 경영자들과 관계를 맺고 더 성장하기 위해 전진하고 있다.

적어도 나는 기존의 인간관계에서 도망치고 새로운 인간관계를 만들었기 때문에 지금의 이상적인 삶을 얻을 수 있었다고 생각한다. 누군가에게는 도망이라는 어휘가 부정적으로 들릴 수도 있겠지만 나에게 도망치는 것은 극히 자연스러운 일이었다. 마치 묵은 옷을 벗고 새 옷을 입는 기분이었다. 소심하고 무리에서 겉돌던 내가 해낸 일이니 여러분도 충분히 해낼 수 있다. 두려워 말고 새로운 인생을 위해 첫걸음을 내디뎌 보자.

'도망친다'는 '변화한다'의 다른 이름이다

내 변화의 과정을 구체적으로 정리해 보자면, 미국 유학에서 돌아왔을 때 나는 비즈니스 경험은커녕 어떤 기술도 능력도 없는 상태였다. 그래서 우선 롤 모델로 삼을 만한 인물을 찾고자 각종 강연이나 세미나에 참석했고, 이를 거듭한 끝에 전문성을 가진 능력 있는 이들과 자주 만날 수 있었다. 즉 함께 비즈니스를 고민하고 세일즈나 경영에 조언을 구할 수 있는 이들과 연을 맺을 수 있었다.

2007년 창업 이후에는 낡은 인간관계에서 의식적으로 도망쳤다기보다 새로운 일에 도전하며 인간관계가 확장되면서 자연스레 예전 지인들과 관계가 소원해졌다고 보는 편이 더 정확할지도 모르겠다.

비즈니스가 궤도에 오르니 매출도 점점 증가했다. 홀로 모든 일을 감당하던 처음과 달리 동료도 늘었다. 파트너들이 생긴 것만으로도 너무 기뻤다. 도전 정신을 가진 사람, 전문성을 갖춘 이들과 연결되니 든든함도 커졌다. 점점 가치관이 맞지 않거나 성장 의욕이 없는 사람과 소원해졌고 이 관계들이 만족스러운 현재 삶의 밑바탕이 됐다.

물론 다른 사람의 도움만 받은 것도, 어느 정도 궤도에 오른 상황에만 만족한 것도 아니다. 그래서는 좋은 관계를 오래 유지하지 못한다. 내가 알려주고 도움을 줄 수 있는 것이 무엇인지 고민했고, 상대에게서 내가 배워야 하는 것, 도움을 받아야 하는 것이 무엇인지 파악해 주고받았다.

무엇보다 나보다 능력이 뛰어난 사람과 접촉할 수 있는 커뮤니티 찾는 일을 게을리하지 않았다. 내가 왕 노릇을 할 수 있는 곳에서는 성장을 기대할 수 없기 때문이다. 함께 성장할 수 있는 사람, 자신보다 높은 무대에서 활약하는 이들과의 만남이 좋은 인생으로 향하는 지름길이다.

관계에서 제대로 도망치려면?

40 지금 상황에 만족해 성장을 게을리하면 안 된다.

있는 그대로의 나를
받아준 새로운 관계

고정된 인간관계에서 벗어나고 싶었던 나는 도망치듯 유학 길에 올랐고 운 좋게도 긍정적인 영향을 많이 받았다. 완전히 새로운 인연들을 맺고 하루하루 충실한 나날을 보냈다.

처음 그곳에서 생활하며 가장 인상 깊었던 점은 비교적 밝고 사교적인 이가 많았다는 것이다. 내가 자란 사회의 기본적인 커뮤니케이션 방식은 다른 사람들의 기분을 살피며 대화하는 것이었다. 상대가 피곤하고 기운이 없을 때 밝게 말을 걸면 대부분 못마땅하게 반응하는 편이었다. 눈치 없게 행동한다며 분위기 파악을 하라는 핀잔을 듣는 경우도 있었다.

도망치지 않았다면 몰랐을 진짜 내 모습

전혀 다른 환경으로 바뀌니 전처럼 분위기를 읽어야 한다는 압박 등 정신적 부담을 전혀 받지 않았다. 새로운 감각을 따라 친구들을 사귀다 보니 성격도 달라지기 시작했다. 어쩌면 나도 몰랐던 본래의 모습이 밖으로 드러난 것일지도 모르겠다.

분명한 것은 내가 전보다 밝고 지인들과 잘 어울렸다는 사실이다. 이전이라면 '어떻게 하지?' '잘 풀리지 않으면 어떡하지?'하며 고민하며 부정적인 생각만 했을 상황과 문제를 마주해도 금방 긍정적인 시선으로 전환해 바라볼 수 있는 사고방식을 배웠고 늘 활기차게 생활했다. 그동안 몰랐던 내 모습을 깨닫고 기뻐한 기억이 지금도 생생하다.

주변에 있는 그대로의 나를 받아주는 사람이 있으니 '지금 내 모습에 문제가 없구나!'라는 생각과 함께 자신감이 솟았고, 모르는 사람과의 소통도 더 이상 두렵지 않았다. 남의 눈치를 보지 않고 내 생각을 우선할 수 있게 된 것이다.

존중하고 받기 위한 가장 빠르고 확실한 방법

상대의 표정이나 기분을 가늠해서 배려하는 경우는 매우 흔하다. 하지만 상대에 대한 배려심이 지나치면 매사에 스트레스를 받고 정신적으로 피곤해져 결국 그 관계는 삐걱거리게 된다. 인간관계를 바꾸다 보면 굳이 배려하지 않아도 되는 마음 편한 동료가 분명히 생긴다.

함께 있는 것만으로도 편안한 사람, 자신을 드러내도 받아주는 사람, 서로 마음을 터놓을 수 있는 사람만 주위에 있으면 나도 몰랐던 내면의 내가 문을 열고 나와 자리 잡는다. 스스로 바뀌고 싶다면, 원래의 나를 되찾고 싶다면 이런저런 노력을 하기보다 인간관계를 바꾸는 편이 훨씬 빠르고 정확하다고 감히 말하고 싶다.

상대를 배려하는 소통 방식이 잘못됐다고 부정하는 것이 아니다. 현재 나는 일본에서 매우 만족스러운 인간관계를 맺고 있으며 그중에는 둘도 없이 절친한 동료도 있다. 다만 여러분이 인간관계에 지친 상태라면 한번 지금 소속된 집단을 떠나 새로운 커뮤니티로 뛰어들어 보는 것을 권한다. 분명 본래의 모습을 되찾고 이후의 인간관계에도 좋은 영향을 줄 것이다.

관계에서 제대로 도망치려면?

41 주변 분위기에 좌우되지 않는
인간관계를 맺자.

42

소중한 사람과
더욱 단단해지려면

기본적으로 인간관계는 시간이 흐를수록 점점 견고해진다. 마침내 관계가 완성됐다고 판단할 수 있을 만한 순간이 찾아오는데, 바로 함께 일하기로 손을 잡은 때다. 즉 비즈니스의 전장에서 함께 싸울 전우가 됐다면 인간관계가 공고해지고 있다는 증거다. 좋은 의미에서 선을 넘었다고 할 수 있다. 예컨대 '이번에 새로운 프로젝트를 시작하려고 하는데 같이 하실래요?'라는 권유를 주고받을 때가 바로 선을 넘어갈 때다. 이해관계가 생기는 순간이라고 해도 좋겠다.

물론 이런 권유를 받고 위험부담을 걱정하거나 상대를 수상하게 생각할 수도 있다. 하지만 이런 이야기를 나누는 순간이 온다면 그때가 사람과의 관계를 한 단계 더 발전시킬 기회라고 생각한다.

인간관계 5초의 규칙

나는 상대와의 신뢰가 충분하거나 몇 년 이상 알고 지냈다면, 그리고 신뢰할 수 있는 여러 공통 지인이 있다면 가급적 도전하기로 마음먹는다. 물론 비즈니스는 돈 문제가 얽혀 있어서 실패와 성공 여부를 판단하는 것은 스스로의 몫이며 상대가 얼마나 유능하지도 깊게 고려해야 한다.

그가 나와 같은 정도의 위험을 감수하는지도 꼭 살펴야 할 요소다. 무엇보다 중요한 것은 설령 그 사람과 함께한 프로젝트가 실패하더라도 신뢰 관계가 깨지지 않고 그 실패를 거울삼아 함께 배우고 성장할 수 있는지 여부다.

나에게도 당연히 처음 보는 사람에게 말 거는 것이 서투른 시절이 있었고, 이를 극복하기 위해 '인간관계 5초의 규칙'이라는 원칙을 세웠다. 간략히 정리하면 이것저것 어렵게 생각하지 말고 강연이나 세미나, 식사 모임 등에서 친해지고 싶은 사람이 있으면 5초 이내에 웃는 얼굴로 말을 걸자는 다짐이었다.

동시에 '절대 거절당하지 않을 만한 말을 한다'라는 나름의 요령도 더해 실천에 옮겼다. 예컨대 "안녕하세요. 이번 세미나에 참가하는 이구치라고 합니다" "옆자리에 앉아도 될까요?" "괜찮으시다면 명함을 교환할까요?"처럼 거절당할 가능성이 낮은 말을 걸었다. "당신의 이름 따위 관심 없습니다"라는 대답을 들은 적도, "앉아도 될까요?"라고 물어서 거절당한 적도 없다. 명함을 받아주지 않은 사람도 없었다.

5초의 규칙을 정해두니 억지로라도 누군가에게 말을 걸고 대화할 계기를 만들 수 있었고 이 규칙을 반복하면서 나만의 커뮤니케이션 기술을 쌓았다. 이를테면 처음 말하는 순간이나 중요한 이야기를 할 때는 미소를 유지하며 상대방의 눈을 보는 등 그를 존중하는 태도가 전달되도록 정중히 행동했다.

이런 사소한 소통에서 인간관계의 친밀감이 생기고 신뢰가 쌓이며, 나아가 장기적인 유대감이 생긴다.

인간성, 사랑 그리고 존경

우리는 '이 사람과 함께 비즈니스 세계에서 싸워 전진할 수 있을까?' 같이 장기적인 인간관계를 구축할 수 있을지 판단해야 한다. 판단 기준은 바로 인간성이다. 결국 사람의 됨됨이가 모든 관계의 근본이다. 이를 제대로 파악하려면 사람 보는 눈을 길러야 한다. 나는 성실한지, 거짓말을 안 하는지, 약속을 잘 지키는지, 중대한 문제를 일으키지 않는지 등을 주로 본다.

절대 믿지 말아야 할 사람도 있다. 관계를 충분히 형성하지 않은 상태에서 뭔가를 요구하는 유형이다. 만난 지 얼마 되지도 않았는데 염치없이 부탁하는 사람은 멀리해야 한다. 이런 사람과 관계를 맺으면 나중에 문제가 생기는 경우가 많다. 그런 사람에게 신경을 쓰느라 소중한 시간을 낭비할 필요 없다.

뻔하게 들릴 수 있지만 인간관계에서 궁극적으로 중요한 것은 바로 사랑과 존경이라고 생각한다. 부부나 연인 간에 애정을 보여야 하는 것은 당연한 일이고, 나와 닿는 모두에게 사랑과 존경으로 대해야 한다.

관계에서 존중이 기본이라는 것에는 누구나 동의할 것이다. 친절한 사람에게 첫 만남부터 악의적으로 행동하는 사람은 거의 없다. 쉽지 않겠지만 한번 상대의 성격과 감정을 표현하는 방식을 존중해 보자.

예를 들면 이런 식이다. 주변에 싫은 사람이 있다면 '이 사람도 어머니와 아버지의 애정을 듬뿍 받고 자랐을 거야' 하고 그 사람의 부모님을 상상해 보는 것이다. 관점을 바꾸면 조금씩 사랑과 존경의 마음이 싹트며 그 사람의 싫은 부분도 점차 받아들일 수 있고, 나아가 좋은 부분이 눈에 띄기도 한다.

'사랑과 존경으로 대하는 것.' 지금까지 사람을 사귀는 여러 방법을 이야기했지만 이보다 나은 비결은 없는 듯하다. 사람들을 사랑과 존경으로 대하다 보면 상대에게 어떻게 말하고 행동해야 하는지, 어떻게 해야 상대가 기뻐할지 자연스럽게 떠오른다. 꼭 실천해 보기 바란다.

관계에서 제대로 도망치려면?

42 만나는 모두에게 사랑과 존경을 담아 대하자.

어릴 적 내 인간관계는 원활하지 못했고 심지어 나는 심리적으로 매우 예민한 사람이었다. 누군가가 지나치듯 말한 사소한 한마디에도 극도로 신경 썼고 모든 사람에게 인정받고 싶어 지나치게 민감하게 반응했다. 그 결과 오히려 잦은 실패를 겪었으며 이는 '역시 나는 인간관계가 서툰 사람이야'라는 자책으로 이어졌다. 자신감이 바닥까지 떨어지는 악순환도 계속됐다.

작가로 집필을 시작한 지 11년, 얼마 전 해가 바뀌었으니 12년이 됐다. 지금까지 국내외에서 10여 권을 출간했는데 이번 책에서 처음으로 인간관계를 다뤘다. 인간관계가 고민인 사람에게 힘이 되고 싶다는 마음으로 이번 집필을 시작했다.

그런데 막상 작업은 더딘 속도로 이뤄졌다. 지금까지의 경험, 실패와 성공, 사람들에게서 배운 점 등을 어떻게 하면 더 잘 전달할 수 있을지 과하게 고민한 탓이었다. 그렇지만 덕분에 지금까지의 나를 되돌아보면서 '굳이 모든 사람과 잘 지낼 필요가 있을까? 애매한 90퍼센트의 관계에서는 그냥 도망쳐도 괜찮지 않을까?'라는 깨달음이 문득 떠올랐다.

'자신을 소중히 여기면 자신을 소중히 여기는 더 많은 사람과 사귈 수 있고 나아가 상대도 소중히 여길 수 있다.' 이 사실을 기억해 둔다면 앞으로 인간관계 때문에 고민할 일도 없고, 분명 훌륭한 사람들에 둘러싸여 사는 인생을 보낼 수 있을 것이다.

책이 출간되기까지 많은 도움을 준 분들에게 고마움을 전한다. 또 내가 주최한 세미나에 참석해 자리를 빛내준 분들의 응원 덕분에 이 책이 탄생할 수 있었다고 생각한다. 한 분한 분 너무나 소중하며 늘 가르침을 받을 수 있어 감사하다.

끝으로 이 책을 마지막까지 읽어준 독자 여러분에게도 감사드린다. 이 책에서 내가 제안한 방법이 다소 과격하게 다가갔을 수도 있지만, 그럼에도 인간관계에서 비롯한 문제로 고민이 있거나 힘든 일을 겪는 분들에게 조금이라도 도움이 되면 좋겠다는 내 염원이 잘 가닿았으면 좋겠다.

부디 여러분이 앞으로 최고의 인간관계를 맺어 보다 멋진미래, 만족스러운 인생을 꾸려가기를 진심으로 기원한다.

참고 자료

· 《GIVE&TAKE '베푸는 사람'이야말로 성공하는 시대GIVE&TAKE '与える人'こそ成功する時代》

· 〈HRBrain〉(2021년 9월 9일)
　https://www.hrbrain.jp/media/human-resources-management/cause-of-turnover

· 〈Marisol〉(2019년 3월 9일)
　https://marisol.hpplus.jp/article/33860/01/

· 〈NCNP〉(2015년 12월 10일)
　https://www.ncnp.go.jp/press/press_release151210.html

· 〈TECK＋〉(2022년 10월 27일)
　https://news.mynavi.jp/techplus/article/20221027-2496022/

오래가는 관계가 좋다는 착각

지금 도망쳐도 괜찮아

초판 1쇄 인쇄 2024년 4월 5일
초판 1쇄 발행 2024년 4월 15일

지은이 이구치 아키라
옮긴이 신찬
펴낸이 정용수

편집장 김민정   편집 류다경
디자인 김민지
영업·마케팅 김상연 정경민
제작 김동명   관리 윤지연

펴낸곳 ㈜예문아카이브
출판등록 2016년 8월 8일 제2016-000240호
주소 서울시 마포구 동교로18길 10 2층
문의전화 02-2038-3372   주문전화 031-955-0550   팩스 031-955-0660
이메일 archive.rights@gmail.com   홈페이지 ymarchive.com   인스타그램 yeamoon.arv

ISBN 979-11-6386-295-6 03190
한국어판 출판권 ⓒ 예문아카이브, 2024